親鸞聖人は何を求められたのか

真城義麿

法藏館

まえがき

二〇一一年三月一一日（東北地方太平洋沖地震）以来の様々なありさまから、天国のような世界を作ろうと進めてきた私たちの歩みが、じつは地獄を作ってきていたのだと、歩みを見直す空気が少し出てきました。ところが、「景気」という言葉に圧倒され、また時間の経過とともに、「仕方ない」と以前に戻ろうとしているように思えます。

人間が経済の材料としてしか見られず、評価と競争の中で、「できたら認められる」と、負けた者には居場所がないような状況です。私が私として生きているということに安心できず、機能と成果しか顧みられません。

親鸞聖人は、構造的には同じ状況の中で、徹底した学問修行の果てに、法然上人との出遇いを通して、「できたら」ではなく無条件に人間が肯定される「本願」という世界に出遇われました。

親鸞聖人ゆかりの、京都の岡崎別院という場で、五回にわたって親鸞聖人の生涯に学びながら、人間に生まれたということを改めて見つめてみようという、学習の機会がありました。京都という独特の宗教風土・文化の中で、受講者も会社の経営者をはじめ、知的教養のある方々で、どんな風にお話しすればと悩みながらも、ご一緒に考えてもらいました。

蓮如上人のお勧めにより、私たちが、日常的に一番親しんでいる親鸞聖人のお言葉は、「正信偈」です。その冒頭二行にある、「帰命無量寿如来、南無不可思議光」と真逆に進んできたのが現代社会です。現代社会の根本原理は、無量ではなく数量化、そして不可思議ではなく合理的説明にあります。それは必然的に、比較、優越、効率化という形で現在しています。それを具体的に進めてきたのは、経済金融と科学技術です。現代の我々は、それらが生み出した恩恵と闇の間で呻いているようです。また人間が、いかに数量（数値）に目や心を奪われるかをも教えられます。

念仏することで気付くことが、「私が」という主語と知恵に邪魔されて、気付けません。仏法を学ぶことは、自分に気付くことだと、改めて知らされる学習会となればと念じつつ。

二〇一四年一月

真城義麿

親鸞聖人は何を求められたのか　目次

親鸞聖人は何を求められたのか

一、人間は何を求めているのか

一、人身受け難し、いますでに受く

　私は、長らく大谷中学校・高等学校の校長をしておりました。それで、中学生や高校生の時期の人に向かって、釈尊という人がおられて、仏さまになられて、そして仏教という教えを説いてくださったということ、また親鸞聖人の言葉などを生徒たちに話すことをずっとしていました。

　今私たちは、便利で快適に過ごせる世の中に暮らしているわけです。それは、進歩発展の恩恵ということですので、そこにばかり目が向きますが、それは同時に、紙でいえば表だけではなく裏があるわけで、そのことによる歪みや厄介なさまざまの副作用というものが、どうしても弱いところに出てくる。そういう点では、世の中が何を要求しているかということに、いやでも敏感にならざるを得ない子どもたちのところに、いろいろの歪みというものが出ているということも感じる。そういうところに、身を置いていました。

それで、去年（二〇一一年）の三月に退職しまして、現在は瀬戸内海の小さな島の寺の住職をしています。昔は島が三つで一つの村だったのですけれども、今は今治市に合併しました。島を三つ合わせても、人口は五百五十人もいません。五十年前には、三千九百人ぐらいいたのですけれども、今は少なくなってしまいました。

そして私は一年半ぐらいそこに住むようになって、今、都会にいたら気が付かないことがあることを、田舎に住むことで教えてもらうことがいろいろあります。そんなことも含めて、お話をさせていただきたいと思います。

仏教とか親鸞聖人の教えとかは、都会にいたらぴんときにくいところがやはりあるのです。私自身も、田舎に住むようになって、いろいろ気が付くようなこともあります。そんなこともお話ししたいと思います。

今「三帰依文」を、皆さんと一緒に唱和させていただきました。この「三帰依文」というのは、東京帝国大学の仏教青年会の学生が、みんなで唱和する何かいいものはないかということで、東洋大学の学長もつとめた大内青巒という人が『華厳経』「浄行品」第七を中心に、その前に『法句経』を、後に『開経偈』を加えた形のものを使うようになったもののようです。

昔は旧帝大で、仏教青年会のない大学は一つもなかったのです。今も活動しているのは、東京大学と広島大学と九州大学だけではないでしょうか。その東京帝国大学の仏教青年会は、もちろん真宗だけではなくて、あらゆる宗派、あるいは宗派にまったく属さない学生たちで構成されていました。それらの学生が、仏教を学ぶときに、お経を読むとすると、そのお経はどこかの宗派のお経ということになるわけです。たとえば『般若心経』だったら、浄土真宗では読まない。また、『阿弥陀経』は、浄土系の宗派では読むけれども、ほかの宗派で読まないというように、いろいろあるわけです。それで、みんなで唱和するために何かいいものはないかということで、学生たちが探して、三か所から集めてきたものが「三帰依文」なのです。

「三帰依文」には、

自ら仏に帰依したてまつる。まさに願わくは衆生とともに、大道を体解して、無上意を発さん。

自ら法に帰依したてまつる。まさに願わくは衆生とともに、深く経蔵に入りて、智慧海のごとくならん。

自ら僧に帰依したてまつる。まさに願わくは衆生とともに、大衆を統理して、一切無碍ならん。（『真宗聖典』東本願寺出版部刊《以下「聖典」》、巻頭）

と、「自ら仏に帰依したてまつる（帰依仏）」「自ら法に帰依したてまつる（帰依法）」「自ら僧に帰依したてまつる（帰依僧）」という、三帰依が誓われています。

帰依というのは、「帰依処」といいますけれども、簡単にいうと「究極の安心」というようなことです。安心のよりどころです。ですから「自ら仏に帰依したてまつる」という表明は、「私は仏さまがいてくださるから、安心して、どんな境遇になってもあらゆるいのちとともに、いきいきと生きていくことができます」、こういう表明です。

「自ら法に帰依したてまつる」というのは、仏さまが説いてくださっている教えをよりどころとして生きていくということです。そして、「自ら僧に帰依したてまつる」というのは、仏を信じ、教えを喜ぶ人たちとともにいる限り、私はどんな境遇になっても、勝ったときも、負けたときも、罪を犯したときも、安心していのちある限りいのちを大事に生きていくことができるということです。そういうような、三つのよりどころを明らかにしているのが、「三帰依文」です。

これが、仏教徒の一番基礎です。これは漢文では、「自帰依仏、自帰依法、自帰依僧」とあらわされます。日本や中国では、漢字で書かれたものを使いますが、漢字文化圏の外では、パーリ語で、

ブッダン・サラナン・ガッチャーミ
ダンマン・サラナン・ガッチャーミ

サンガン・サラナン・ガッチャーミ

といいます。これはアメリカへ行っても、ミャンマーへ行っても、スリランカへ行っても、タイへ行っても、ヨーロッパへ行っても、そのまま仏教徒同士であればわかりあえる、そういうものです。これが基本的には、仏教徒である証しです。

いつの間にか私たちは、これがなかったら生きていけない、これがあれば生きていけるというものに支えられて生きるということを、失ってしまっているのではないかと思います。そんなこともありまして、「三帰依文」を聞法の集まりのときには唱和しようということです。

「三帰依文」の最初は、

人身《にんじん》受け難し、いますでに受く。仏法聞き難し、いますでに聞く。この身《み》今生《こんじょう》において度せずんば、さらにいずれの生《しょう》においてかこの身を度せん。大衆《だいしゅう》もろともに、至心に三宝《さんぼう》に帰依《きえ》し奉《たてまつ》るべし。（聖典、巻頭）

とあります。これは、もともとは一緒だったと思うのですが、宗派によって今では少し違いがあるようになりました。真宗大谷派でも昔は、「この身今生において」といわずに、「この身今生に向かって」といっていました。私が高校生のころは、まだ「向かって」といっていたのです。けれども、いつからか「おいて」に変わりました。浄土真宗本願寺派では、「この身今生に向かって度せずんば、さらにいずれの生に向かってかこの身を度せん」というように、今でもなっています。

それから浄土宗では、「仏法聞き難し、いますでに聞く」のところが、「仏法聞き難し、今ここに聞く」となっています。私は、それもいいなと思います。とにかく、多少バリエーションがありますけれども、宗派を超えて、仏教徒であることの一つの証しとして、この三帰依文を唱和するということです。

ですからみなさんが、たとえばミャンマーへ行って、そこで向こうのお坊さんのもとで在家信者にならせてください、男性は優婆塞《うばそく》、女性は優婆夷《うばい》といいますけれども、優婆塞は「ウパーサカ」、優婆夷は「ウパーシカー」というのですけれども、そのときはお坊さんに向かって、「ブッダン・サラナン・ガッチャーミ」と、こういうように三帰依を表明するわけです。

二、人生にとって本当に尊いこと

私たちが礼拝する対象のことを、「本尊」といいます。これは字の通り、「本当に尊いということ」です。そこで、あらためて考えていただきたいことが、私の人生において、私は何を本尊として生きてきたのだろうかということです。私が本当に頭を下げるべき、私の人生にとって本当に尊いことというのは何なのだろうかということ、そういうことの確かめのために、私たちはこの御本尊さまの前で何かをするときは、必ずまず礼拝をする。頭を下げるということです。私たちは、何に頭を下げながら生きていくのかということです。

講習のテーマは、「人と生まれて―宗祖親鸞聖人の生涯に学ぶ―」ということです。先ほどの「三帰依文」の一番最初は、「人身受け難し、今すでに受く」です。私たちが現に人間に生まれているということです。その私が、人間として今生きているわけですけれども、その人間とはどういうものなのだろうかということです。

私は、どういう人間になることを目指して、あるいは何に向かって生きてきたのだろうか。あるいは、今生きているのだろうか。そういうようなことを、ちょっと振り返ってみようかということです。

私は、何を求めて生きてきたのか。私たちが、何かを求めてというときは、実は育つ過程で、これを求めて進んでいきなさいというようなものが、先にいろいろと与えられるわけです。自分から求めるより前に、時代や社会が求めていることがはっきりとあるのです。いよいよ戦争に向かう、いや戦争が始まったという段階で、私たち国民と呼ばれるものに時代や社会が求めるもの、そういうものを受けながらわが子をどう育てていくのかとなる。子どもたちにも、「おまえたちはこう育つのがいいのだよ」ということを与えていくわけです。

経済が何よりも優先という時代には、やはりそれにふさわしい成長の仕方というものが求められてくる。あるいは、自分の生まれた家が代々世襲で、伝統産業なら伝統産業を伝えていくという要請。また、お寺に生まれて、お寺を継いでいくということが求められていく、そういう家庭的なあるいはそこの家が持っている要請、要望、そういうものがあると、それにふさわしく育つようにと願われることがあります。つまり、所属先が求めていることに合わせていくということです。そういうようなことが、いろいろあるのではないのかと思います。

今ここには、三十歳代の方から八十歳代の方までがいらっしゃるわけですが、そうしてみると、それぞれ自分が育つ時代が違うわけです。時代環境というものが違いますから、こう育ったらいいのだよという、その時代からのメッセージというものが、やはり違うということもあります。かつては、立身出世ということがとても大事なことだった。今はそういうことについて、ちょっと白けているような空気もあります。今から十年前ぐらいには、学生たちが望んでフリーターになっていった時代があります。とにかく自分のペースで生きたい。ですから仕事に自分を合わせるのではなしに、自分のライフ・スタイルに合うような仕事の仕方をしたい。こういうようなことを求めるということが、非常に強調された時代もあります。

当時、新宿でホームレスの人たちに立ち退いてもらって、その人たちに職業訓練をして、職業に就いてもらおうしました。そこで、無料で職業訓練をして、職業を斡旋しようとしたのですが、それに応募した人がほとんどいなかったわけです。つまり、働きたいのに弾き出されてホームレスになっているという人ももちろんいるわけですが、そういうことではなく、そういう生き方を選んだというような状況もありました。今はあまりそういうことをいう人は少なくなりましたけれども、十年前ぐらいは、そういうことが結構あったと思います。

まあ、一般的には、とにかく「便利で快適で衣食住に困らず、健康で長生きで、そういう生活ができたらいいのだ。そのためにお金も」みたいな人生の求め方になる。そんなようなことではないでしょうか。

そういう環境条件に恵まれた状態のことを、釈尊の時代の言い方でいうと、「天人」というわけです。天人というのは、衣食住に困らず、そこそこ健康で長生きで、たいがいのものは手に入って、勉強もよくできてみたいな人だと考えてください。つまり簡単にいったら、困ることや不都合が少ない状態を生きている人のことです。そしてそういう生き方を、私たちはずっと求めてきました。今もそうかもしれません。けれども仏教の教えでは、人間が環境条件が良くなって、天人のような生活をするようになると、五つのことを失う、衰えていくといわれるのです。五つのことがダメになっていく、「天人五衰」といいます。これはお経の言葉ですから、漢字で書けばややこしいので、思いっきりくだいていいます。私が高校生のときに教えてくださった廣小路亨という校長先生が説明して下さったように説明しますと、人間が衣食住に困らず、便利で快適で、そこそこ長生きで、そこそこ健康でというような状態になったら、まず第一番目に、生活に張りがなくなる。生きている実感、手応えというものが弱くなる、薄くなる。どうなのでしょうか。現代はある意味、日本中が天人みたいな状態になっているような感じですね。親鸞聖人は、空しく過ぎていくということに対して、そうでない生き方というものを求められたわけですけれども、なにか手応えがない、生活に張りがない。

二番目は、健康ノイローゼになるというのです。今、日本中が健康おたくみたいな状態ですね。とにかく、テレビのコマーシャルのかなりは、健康のためのコマーシャルです。朝から晩まであります。私は、あまり見たことがないですけれども、夜中のコマーシャルなんてほとんどそうではないですか。健康のためだったら何でもという。それこそ死んでもいいぐらいの健康。なんかわけわからないですが。ジュースを一本飲むのでも、ちゃんとミネラルが入っているか、ビタミンが入っているか、確かめないと飲む気がしないというぐらいでしょう。今健康食品産業は、サプリも含めて三兆円市場といわれる。三兆円といったら、百万キロワットの原子力発電所を六基造るぐらいの費用なのです。それを毎年日本人は、健康産業の商品を買うのに使っているのです。そんな状態で、そこそこ健康で、そこそこ長生きであるにもかかわらず、健康不安になるのです。これは、二千五百年前にいわれていることなのですよ。

三番目は、気力が衰えるというのです。「まあ、適当でいいです、そこそこでいいです」みたいな、気力が衰えるという。今オリンピックとかでも、ハングリー精神をキープするということがなかなか難しくなっています。

四番目は、誇りを失うということです。衣食足りて礼節を知るというけれども、仏法では逆だといいます。贅沢になってからの方が、むしろ誇りを失うという。誇りというのは、どんなに追い詰められても、これだけは譲れないという、一種の規範のようなものです。たとえば、私が子どものころ、友だちの家へ遊びに行くと、「真城くん、うちの家は貧乏しとるけどね、うちの子はどの子にも、どんなに追いつめられても人のものだけは絶対手をつけぬように育てとるけんね」といって、そこの家の誇りというものを家族で共有していました。あるいはまた別の家へ行けば、「真城くんね、うちの家はお父ちゃんだろうが誰だろうが、絶対家の中で隠し事はしないことになっておるのよ」といって、そういう誇りというようなものがありました。今は、どうなのでしょうか。
最後は、そのまま書けば、「不楽本居《ふらくほんご》」という言い方と「不楽本座《ふらくほんざ》」という言い方がありますけれども、今置かれている状態、今座っている居場所ということですが、それを楽しむことができない。喜ぶことができない。どんなに恵まれても、どんなにうまくいっても、その一瞬だけは「あ、よかった」と思うけれども、それが本当の喜びになっていかない。

実は、釈尊という人は、衣食住をはじめ、天人の生活のさまざまがほとんど満たされるポジションである王子に生まれて、そこで成長している途中で、そのすべてを放り出してしまわれたわけです。

私たちは、天人の生活をするようになりさえすれば幸せになれると思って進んできたわけですけれども、振り返ってみると、釈尊がそこには本物がないといって捨ててしまわれたものを、私たちは追いかけているのです。

三、世界幸福度ランキング

二〇〇六年に、イギリスのレスター大学のエイドリアン・ホワイト博士が中心になって、大規模な世界幸福度ランキング調査というのをしました。紛争中の国を除いて、百七十八か国を対象にして、直接に聞き取り調査をした人が八万人もあったのです。イギリスのシンクタンクを使って、今公開されているデータを百ほど集めて、それは今までも幸福度ランキングというのはいろいろな種類があるのですけれども、それまでの調査ポイントだけではなくて、貧困率とか、心の病の率とか、自殺率とか、聞き取りもしたものも総合的に含めて、二〇〇六年にインターネット上で発表したランキング表があります。それを見ると、先進国の経済大国は百七十八か国中の上から二十番の間に一つも入っていないのです。

去年の十一月に、京都にもブータン王国のワンチュク五世夫妻が来られて、今ブータンが大変な人気の国になりました。さっきの世界幸福度ランキングでいえば、二〇〇六年の段階でブータンは百七十八か国中八位です。日本は九十位です。経済大国でいえば、アメリカが二十三番目、ドイツが三十五番目、イギリスが四十一番目、フランスが六十二番目、ブラジルが五十八番目、中国が八十二番目、日本は九十番目です。

しかも聞き取り調査を見ていると、日本では年齢が若くなるほど幸せだと思っていないのです。日本の子どもたちは、世界でも有数に、幸せだと思っていないのです。世界中で日本の子どもたち以上にお金を遣うことのできる子どもは、どこにもいません。その子どもたちが、本当に不楽本居、不楽本座という状態です。今自分が置かれた環境を、喜ぶことがまったくできない。いつも「次はもっと、次はもっと」、そんな状況にいると思います。

しかしそうはいっても、やはり不都合は少ないほうがいい。困ることが少ないほうがいいということで来たわけです。

それからまた別の方向から見ますと、いつの時代にもそういう人はいるのですけれども、社会や時代がいろいろあるかもしれないけれども、私は自分が好きなように生きられるのが一番いいのだと思う人たちです。それはそれで、一つの生き方だと思います。つまり、自由ということが最優先という考え方です。ただしそのときの自由のイメージは、束縛とか煩わしさからの自由ということではないのかなと思います。これは一九六〇年代ぐらいから顕著になっていき、そして煩わしさをきらってどんどん個別化ということが進んできました。

去年の三月十一日の、東日本大震災以降、絆ということがしきりにいわれるようになりました。去年の清水寺の森清範さんが書いた一年を表す漢字も「絆」です。この絆の字は、間違いなく次の改訂では常用漢字に入るでしょうが、今までは、絆というのは出版物のときにはルビを振るかひらがなにしなければいけない字だったのです。それが、一躍誰でも知っている字になりました。いたるところで絆、絆というようになって、ちょっと胡散臭《うさん》さを感じている人がいるのではないかと思います。もともと絆というのは、そんなにいい意味の言葉ではありません。もともとは、家畜を縛るひものことです。今は、バラバラになったものがつながり合おうという呼びかけとして、絆ということがいわれているわけですけれども、その前提が本当はおかしいのです。今私たちは、個というものが標準のように思っていますけれども、仏法の考え方は、個よりも先に関係があるのです。関係のほうが先なのです。絆というのは、個をつなぎ合わせて関係にしていこうという方向性ですけれども、仏教が教えてくれるのは、先に関係がある。我々は、関係の中に生まれ、関係の中に生きている。関係の中に、私の存在があるということです。それを、縁起の理法といいます。

縁起の理法が教えるところによると、世界のあらゆることとは、全部私とつながっている。私と関係がある。けれども、その関係は直接に見えない関係のほうが多いのです。そのように、関係が先にあるというのが、仏教の考え方なのです。いつの間にか、個別化、煩わしさや束縛からの自由というものが前面に立っていって、気が付いたら、ひと言も口を利かなくても生きていける世の中ができたわけです。

私が住んでいる島からここ（岡崎別院）まで来るのに、何回も何回も切符を買ったり乗り換えたりするのですけれども、一度も口を利く必要はありません。自動販売機で切符を買いますし、あるいはしょっちゅう新幹線に乗っている者はもっと便利で、切符さえも要らない。ケータイでピッと予約しておけば、カードを改札でピッとタッチするだけです。福山駅でピッとして、京都駅でピッとすればそれでいいのです。地下鉄に乗るのも、そのピッで乗れる。

ものを買うのでもそうです。ものを買うのに一言も話す必要がない。つまり関係を拒絶したままでも生きていけると、錯覚させられる世の中になってしまった。

あるいはまた、別の方向からですが、私たちは、世の中のごちゃごちゃからちょっと一時だけでも距離を置きたいということで、趣味や道楽に没頭する時間を持とうとしています。最近はたいへんな仏教ブームで、本屋へ行けば仏教の本が毎月いっぱい出ています。それから今サラリーマンでも、朝に瞑想の時間を持つことが大はやりで、たくさんの人がやっている。それは、そういう、時代や社会とかさまざま外から要請してくることに必死に応えるという人生だった私たちが、どこかでちょっと自分を取り戻したいということではないのかなと思います。何か自分の好きなことに没頭するというのは、ある意味緊急避難という性格があるのだろうと思います。

今社会というのは、競争社会で、評価される社会ですから、つねに評価されるところに身をさらし続けるということに、耐えられないストレスを抱えているということはたくさんあります。

子どもを育てるのでも、このごろは、叱って育ててはダメだ、褒めて育てろなどといいます。本当はただ褒めればいいというものではないのですけれども、真に受けて、ただ褒めるだけで育つと思う人がいます。けれども、みなさんも経験があると思うのですけれども、大嫌いな人に褒められても、少しもうれしくなんかないのです。なぜかというと、褒めるということは評価することですから、あんたに評価なんかされたくないよということです。信頼している人から褒められる、好きな人から褒められる、尊敬している人から褒められるのはうれしいけれども、嫌いな人に褒められても、うれしくはないのです。実は褒めるとか叱るというのは、信頼関係があってはじめて成り立つのです。叱られても嫌なことをやらされても、尊敬する先生のいわれることだったら聞けるわけです。コーチを尊敬していれば、選手はその練習がどういう意味を持つのかよくわからなくても、とにかくあのコーチは僕のことを考えてくれているはずだからと、一生懸命やってみようということになる。やっていると、このことができるようにコーチはしようと思って、ぼくにこれをやれといったのだなということが、あとからわかるわけです。

これからいろいろ話を聞いたり、座談をしたりする中で、この講座を五回、六回受けたらどうなるのか。私たちは何かを求めてとか、入手するためとか、実現するために何かをするということをいつも考えるわけです。特に最近では、目標をちゃんと設定しなさいということをいわれます。会社であれば、数値目標とか目標管理とか、プラン・ドゥ・チェック・アクション（ＰＤＣＡ）のサイクルを回せとか、そういうことがしきりにいわれます。今大学でもお医者さんでも福祉でも、みんなそればかりいわれているわけです。この真宗入門講座に何回か通っていると、何が実現するか、何が手に入るかは、実のところ今はみなさんにはわかりません。今すぐにわかろうとしてはいけないのです。わかってはいけないというわけではないのですけれども、ここが厄介なところです。

四、どちらを向いても心が晴れない空気

わかるというのは、今までしてきた経験、あるいは今まで学んできたことで持っている知識とか考え方とか、そういうのに収まったときに「わかった」と思うわけです。ところ

が、実は学ぶというのは、その容れ物の枠を広げることなのです。ですからわかったということは、広やかな大事な世界を小さな狭いところへ閉じ込めることになってしまうのです。

たとえば小学生のときに夏目漱石の『坊ちゃん』を小学生向きにリライトした、書き直して簡単にした児童文学全集みたいなので読んだ人が、高校生になって国語の先生に、「君、そろそろ夏目漱石の『坊ちゃん』を読むといいよ」と言われたときに、その子は、「いや、先生、それはもう読みました」と、こういうことになるわけです。小さいときに読んだことが、逆に漱石の世界に触れないことになってしまうという結果になるのです。

これはキリスト教の世界の言葉ですけれども、『神学大全』を書いたトマス・アキナスという人に、「人間を宗教から一番遠ざけるものは、子どものときの誤った宗教教育である」という言葉があります。宗教とはこんなものだと思ってしまうと、聞いたことをこんなものだと翻訳しながら全部入れてしまうわけです。

『正信偈』の最初からしばらく進むと、「普放無量無辺光」とあります。仏さまのすばらしさを光にたとえて、十二方向からみんなに気づいてもらおうということで、仏さまの智慧の光は無量なのだ、無辺なのだ、無碍なのだ、無対なのだ、こういうように説いていくわけです。

この無辺の辺というのは、二等辺三角形のあの辺です。外側の枠です。私たちはみんな辺を持っています。自分の生まれてから今日までの経験全部で辺ができます。それから学んできたことで、その辺というのができます。それは全員一人一人みな違います。ですから、同じことに出遇っても、それぞれによって受けとめは異なります。私たちは、出遇ったすべてを、自分の持っている辺の中に、翻訳しながらしか受け入れることができない。ですから、そういう意味で、「わかった」ということが歩みを止めてしまうことになるのです。たぶん話の中でわかったなと思うことがおありになると思います。そのときには、新たにわからないことがまた増えるのです。面白いなと思いますね。

「学問」という言葉があります。よく浄土真宗の方は、学問というのは問いを学ぶことだとおっしゃいます。それはそれもあるのですけれども、私は学んだら間違いなく問いが出てくると思います。学べば、必ず新たにまた問いが出てきます。あるいは違う言い方をすると、学ぶことは問うことであるということです。今まで問わなかった世界のことをいろいろ問う。あるいは出遇ったことから私が問われる。一番問うべきは、自分自身であると思いますけれども。

その時代や社会が要請すること、さらにそれを受けて職場が要請すること、家庭が要請すること、いろいろなことがあって、我々はそれに一生懸命合わそうと思って進んできたのです。いい材料になろう、いい材料になれ、こういうことです。簡単にいったら「人材」です。けれども、私は材料になるために生まれてきたのではない。人間は優良な材料になってもならなくても、人間として尊いのです。

今この時代も社会も、まったくどうなったらいいのやら、どこへ行こうとしているのやら、見えなくなっています。時代、社会が行き詰まっているわけです。今まで私たちを幸せにしてくれた一番の力は、豊かさとか、多様性とか、自分らしさとか、いろいろなことがあるわけです。それを支えたのが経済と科学です。経済と科学によって豊かになったわけです。

ところが、世界幸福度ランキングの上位に入らないのと一緒で、今人間を一番苦しめているのは、経済と科学なのです。経済などというのは、本当にいくら製造業の人が努力したって、円がちょっと高くなったら、もう全部吹っ飛んでしまうという、一握りの国際的博打打ちに全部を委ねているみたいな状態です。だれの手にも負えません。今は経済というより、金融というべきかもしれません。

科学の方もそうです。放射性物質に代表されるような、さまざまな問題があります。あるいは北朝鮮が、一生懸命がんばって、ロケットかミサイルかしりませんけれども、あれは何をしているのか。我々は、いかに他をやっつけるのを効率的にするかということを、科学に求めてしまうわけです。iPS細胞がプラスばかりかどうかわかりませんけれども、さまざま遺伝子レベルの心配なこともたくさんあります。表に出ていること、出ていないこと、いろいろあるだろうと思います。

一九七〇年より後にできた、未来を描いた映画で、未来が今より幸せという映画は一つもないのではありませんか。みんな未来は廃墟なのです。あるいは戦争ばかりになったり、殺し合いになったり。今子どもたちは、そういう環境の中で育っているわけです。それは結局、経済とかが肥大化すると、かえってそのことが人間を苦しめるとなった今、私たちにとって本当に尊いというのはどういうことなのだろうか。私たちは、なにか安心ができない。今たまたまうまく行っていても、これがいつまで続くのだろうか。いつどんな形でひっくり返されるのだろうかと心配しています。

私も長いこと校長とかしていると、どうしたっていろいろな役目が当たるのです。そうすると、いろいろなことで文科省の役人とかと話したりするようなこともあります。彼らは、見ていて気の毒です。次に大臣が替わったら、何をいわれるかわからない、何をさせられるかわからない。ですから、陳情に行ったって、彼らは「われわれにいってもダメですよ」と、すぐいうのです。「今の政権（民主党）は輿論に弱いですから、輿論を作るのが一番早いですよ」と、我々にいう、そんな時代です。

今本当に、どちらを向いても不安な時代です。不安でない時代は、いつもないかもしれないけれども、まったく先行きが見えない。つまり、閉塞感にあふれている。そうしたときに、一九九九年にノストラダムスの大予言というのがありましたね。あのときでも、あの大予言が「当たればいいのにな」という若者がたくさんいたわけです。世界とともに自分が滅ぶのもセットで、それでもいい。とにかく世の中がリセットされたほうがいいのだ、みたいに思った若者が、けっこうあの時代にいるわけです。

なにかそういう、一方では自由が手に入ったかもしれないけれども、それと同時に、寂しく死んでいく人の数が桁違いにすごいことになったのです。無縁死と呼ばれる死もあります。引き取り手のない遺体が、毎年三万体以上あるわけです。だれからも弔ってもらえないのです。年間三万二千件ほど、引き取り手のない遺体が見つかるのですが、その内で、いくら警察が調べてもどこのだれだかわからないのが千人ぐらいはあるのだそうです。そういう人が、すでに二万件ぐらいたまっているのだそうです。年間三万一千件ぐらいはわかるのです。わかるけれども、引き取ってくれないのだそうです。「はい、私の父親でございます。しかしもう縁を切っておりますので、そちらで適当にしてください」みたいなのが、毎年ものすごい数あります。そういうような、なにかどちらを向いても心が晴れない空気の中に、今いるということです。

五、親鸞聖人の生涯に学ぶ

そういうときだからこそ、私たちが親鸞聖人に学ぼうというのは、そういう世間を動かしているものの考え方や価値観、あるいはこうなることが成功だというようなイメージとまったく違うところで、最初に三帰依のお話をしましたが、どんな境遇になっても安心して生きていける世界。どんな境遇になったときも、私の人生にはどんなときでも、意味がある、意義がある、価値がある、必要とされている、存在の意味があるのだと思えるのは何によってできるのか。あるいは生きる、生活する中で喜びというものは、どういう瞬間にあるのだろうかということです。

時代や社会が不安定なときというのは、いつの時代にもあるわけです。よく見ると、親鸞聖人の時代と今は、状況的に重なっている部分もけっこうあります。今大河ドラマで、平清盛をやっています。もう終盤ですが、そのころに親鸞聖人は、若い時代を過ごしておられるわけです。ちょうど頼朝が挙兵をした年は、親鸞聖人が仏教の世界に入られる少し前の頃です。その次の年に、養和の大飢饉といって、京都の町の中だけで五万人が餓死したという、『方丈記』に出てくる有名な大飢饉がありました。しかも平清盛が、都を福原に置くということをしたために、京都は荒れていくわけです。親鸞聖人という人は、とても小さいときに両親と別れてしまわなければならない境遇の中で、親戚に預けられるわけですけれども、それまでとは本当に価値観が変わるわけです。頼りにするものが変わっていくわけです。平清盛は、失敗しましたけれど、日本を貨幣経済の国にしようと思って、宋と貿易をするわけです。しかし、養和の大飢饉などが起こる。そうすると、飢饉が起こったときには、貨幣というのは何の役にも立たないのです。それで、清盛は頓挫するわけです。

源氏は、報償を土地で与えるわけです。つまりあの源平の争いは動産と不動産の戦いみたいな世界なのですけれども、それで不動産が勝つのです。そんなことがいろいろありますけれども、そういう、ちょうど時代の転換期です。

ひょっとしたら皆さんは、親鸞聖人という人は、日本のお坊さんの中ではじめて結婚した人だとか、はじめて女性と交わったことを公にした人だと思っているかもしれませんけれども、そんなことはまったくありません。平清盛は、入道になりました。お坊さんになったのです。その平清盛はどこに住んでいますか。家に住んで、奥さんや子どもと一緒にいるではないですか。天皇が出家すると法皇になって、法皇になってからでも若く美しい女性に手を出したりしているのですから、女犯だらけです。

それから、殺生は一番いけないことだといわれているお坊さんの世界で、僧兵たちがどんなひどいことをしていたか。たまたま先週の日曜日、終わりのほうだけちょっと大河ドラマを見たのですけれども、平重衡が東大寺を焼いたということで、たいへん非難されるわけです。清盛は、仏教界に敬意を表して、最初に奈良の寺々へ交渉に行かせるときは、全員丸腰で行かせたわけです。「武器を持っていくな。相手はお坊さんだから」と、丸腰で行かせるわけです。ところが丸腰で行った侍は、一人残らず僧兵に首をはねられる。そして興福寺の五重の塔に、その首がずらっと並べられるわけです。それで清盛は怒って、次は帯刀を許すということで行かせるわけです。それでも「自分の方から、おまえらの方からは刀を先に抜くな」ということを命じて行かせる。これは『平家物語』の中に、ちょっと出てくるようです。ところが、最後はチャンチャンバラバラになって、あるところで出火した火が飛んで、東大寺が燃えてしまうわけです。そういう時代です。

そういう中で、親鸞聖人は、目の前で本当にそういうのに翻弄される人々を見ながら育つわけです。比叡山にいてお坊さんでいながらも、周りに僧兵もいる。そんな中で、自分は困っている人のために何をすることもできないし、自分自身が安心して生きるということもできない。

その当時誰もが、何かを手に入れるためには、それ相応の対価を払わないとできないと思っています。つまり、たとえば救いとか悟りとか、あるいは仏教の高い境地というのを手に入れようと思ったら、ものすごい学問や修行という対価を払わなければならない。学問を積む、あるいは修行を積むという対価を払わないといけない、こういうことです。

これは今でもそうですね。がんばって、ほしいものを手に入れろという。今子どもたちは、大変な評価と競争の中にいて、本当に気の毒です。今子どもたちだけではなく、会社員もみなそうです。今世の中は、「できたら認めてやろう」ということになっています。では、できない人の居場所はどこにあるのだということです。自分だけが救われるということだったら、死にもの狂いで、できることをがんばればいいかもしれない。それを徹底してやられた親鸞聖人という人は、そのできるということに絶望した人です。人間のできるということの限界というのは、そんな遠いところではない。本当に近いところにある。

つまり人間は、本当に罪深くしか生きていくことができないし、本当のことを見抜くことができないし、さっきの言葉でいえば、「辺」の中の世界でしか生きられない。そんな中で、親鸞聖人という人は、二十年間比叡山で仏道の目標を設定して、それに向かって学問とか、修行とか、お経を読むとか、精神集中とか、奉仕作業とか、いろいろな形で対価を払い続けられたわけですけれども、行き詰まってしまわれて、大転換をされるわけです。

対価というのは、お金の場合もありますけれども、今の場合は、知恵と努力ということです。世の中は、できたら認められる、こういう世界です。親鸞聖人という人は、「雑行《ぞうぎょう》を棄《す》てて本願に帰す」（「化身土巻」聖典三九九頁）といわれますけれども、こういう知恵と努力で対価を払って、できたら認められるという世界のことを「雑行」といわれたのです。雑行というのは、本筋ではないということです。大通りではなしに、脇道ということです。もっと大きな広やかな世界があるのだということです。

皆さん方も、現代日本という時代・社会の中で、なにかしら私たちの先輩方がずっと大事にしてこられた仏教とか、あるいは親鸞聖人の浄土真宗の教えとか、そういうところに何かあるのではないかと思ったから、ここに参加してみようかなということではありませんか。とにかく、みなさんがここへ来られたということは、とてもラッキーだったと思います。

今私たちは、この時代・社会の中の理屈や、時代・社会の中の理論や考え方では、本当にこの時代・社会を破ることはできないのです。堂々巡りです。

なぜかというと、私たちは、いつも個人であったり、家族であったり、会社であったり、グループであったり、国家であったりの好都合を求めるわけです。その好都合は、隣のそういうものの不都合で成り立つのです。私の好都合は、隣の人の不都合です。それで心が晴れるはずがありません。だれかが嫌な思い、だれかが辛い思いをし、だれかが我慢をし、待ち譲る中で、自分の願いが叶っていくということは、なにかどこかに後ろめたさみたいなものを抱えた、うまくいっても泡沫の幸せみたいな感じ。そんなことではありませんか。そういうところで、テーマに戻りますけれども、私はどうなりたいのだろうかということです。

よく日本では、建前と本音ということがいわれます。たとえば、建前はみんな仲よくいたしましょう。本音は、自分さえ良かったらいいのだと、こういうことです。けれども、本当に自分さえ良かったらいいのだろうか。本音のもっと奥がないのかということです。自分さえ良かったらいいと思って進んできて、ちっとも良くなっていないのです。良いはずだと自分に言い聞かせているばかりであって、実際はどうなのだろうかということです。

本当は、あの一番嫌いな人とも仲よく生きていけたらいいのになという思いが、どこかにあるのではないのか。そのようなことを思うのですが、これがなかなか私が自分で考えても出てこないのです。なぜかというと、私たちは好都合とか不都合というようなことから離れられないからです。

『正信偈』の後ろのほうに、「源信広開一代教」という言葉があります。平安時代に源信というお坊さんがいました。この人は『往生要集』という書物を書かれました。第一章から第十章まであるのですが、その第一章が「厭離穢土欣求浄土」という章です。その中に地獄とか餓鬼とか畜生とか、六道輪廻の話が出てくるのです。六道ですから地獄は地獄道といいます。道というのは、状態のことをいいます。こういう状態が地獄だということです。

一つは、「我今帰る所無し」。帰るところがないのが地獄だというのです。今日一番最初に三帰依というお話をしましたけれども、帰るところというのは、もう構えることも、守ることも、はったりをかますことも、演技をすることもかけひきも要らない世界です。ありのままの私が、ありのままで安心していられる世界がないのが地獄だということです。もう一つは、「孤独にして同伴無し」。「ともに」ということが切られていく。優劣・上下が付けられる。条件に合うものだけが選ばれ、それ以外は排除されるのです。序列とか、選別とか、排除とかの世界です。子どもでいえば、無視される、除け者にされる、いじめに遭う。それが地獄なのだということです。

私たちは、煩わしさから解放されるためにと思っていろいろやって、今良いはずだと思っているのだけれども、実は地獄を生きているのかもしれないというようなことを、仏法というのはいろいろと教えてくれるわけです。ですから、これからそのようなことについて、いろいろと学ぶ中でぼちぼちとお話ししていきたいと思っています。

仏法を学ぶということは、三つのことがあります。

まず自分を知るということです。さっきの本尊、本当に尊いこと。あるいは仏法の法というのは、真実の教えということです。そういうものに触れると、自分の偽物ぶりというものが見えてくるわけです。自分がどういう生き方をしているのか。自分がどういうようにものを考えているのかというような、人間の心のクセとか志向が露わになります。そういう意味で、自分を知るということです。

二番目が、仏様と私との関係です。「雑行を棄てて本願に帰す」の本願というのは、仏様は何の条件も付けずに私を認めてくれているということです。どうしようもない、愚かで本当のことがわからなくて、長続きしなくて、自分さえよかったらよくて、罪を犯しながらでという私が、安心できる世界があるということが、仏さまのほうから示されるということです。

三つ目は、この世の中というのは、どんなふうに成り立っているのかということです。世の中が持っている性質、仏教の言葉でいえば「諸行無常」とか「諸法無我」とか、あるいは私に先んじて関係があるのだという「縁起」ということです。

今日は、六回分をまとめてざっと見た話です。これからは、ちょっとずつほぐしながら話をしていきたいと思います。

二、親鸞聖人は何を求められたのか

一、親鸞聖人が生きられた時代

今日からは、いよいよ親鸞聖人の生涯を尋ねながらのお話になります。今日のテーマは「親鸞聖人は何を求められたか」です。人間が生まれて生きるということは、必ずどの時代に生まれたのかということと、どの環境に生まれたのかということがついて回るわけです。わかりやすくいえば、すでに舞台の上で芝居が始まっている。そこへ突然「おまえも今日から舞台の上に上がって、すでに始まって途中まで来ているこの芝居の続きに参加しなさい」、そういうようなところでしょう。

親鸞聖人は、承安三年（一一七三年）の生まれです。数え年で九十歳、一二六二年までの九十年間の生涯を生きられたわけです。

親鸞聖人が生きられた時代は、どういう時代であったかといいますと、平清盛を中心とする武士階級が台頭してきた時代です。平清盛が太政大臣になるのが、一一六七年、親鸞聖人が生まれる六年前です。親鸞聖人が数え年の五歳くらいの時に、いわゆる鹿ヶ谷の陰謀とか鹿ヶ谷事件というのが起こります。つまり、清盛と法皇との関係が悪くなっていきまして、そこから平家はだんだん没落していくわけです。一一七九年ぐらいから、反平家という動きが全国のあちこちで起こり始めます。一一八〇年、親鸞聖人が数えの八歳の時に頼朝が伊豆で兵を挙げ、木曾義仲も兵を挙げます。そして翌一一八一年、この年は治承五年なのですけども、大変なことが起こったために改元されて、養和元年になります。源平のほうでいえば、木曾義仲が京の町まで攻め上がってきた年です。一一八四年に、清盛は亡くなり、一一八五年に、平家は壇ノ浦で滅ぶということになるわけです。一一九二年、親鸞聖人が二十歳の時に、頼朝が征夷大将軍になって鎌倉幕府が開かれていきます。政治の動きでいえば、そういう時代です。

それはそれで大変なのですけれども、そこに住んでる人たちがもっと大変なのは、さまざまな天災、災害が起こるということです。親鸞聖人が三歳の時、一一七五年に大風が吹くわけです。九月に大きな風が吹いて、京都の町はものすごい被害を受けます。翌年には大地震が起こります。一一七六年、四月にものすごい大きな地震が起こったという記録があります。その次の年、一一七七年の四月には、京都の町のかなりが燃えてしまう大火事が起こります。一一八〇年にも、大きな地震が起こるわけです。そして次の一一八一年

（養和元年）には、それまでに経験したことがないような大飢饉が、二年間にわたって続いたのです。大きな地震があり、大火災があり、また台風が来る。当然洪水が起こる。そうすると疫病が流行します。そうすると今度は、その疫病で死んでいく人たちがいっぱい出てくるわけです。

『宇治拾遺物語』の巻一第十三話の中に、こんな話が出てきます。ある大きなお寺があって、小僧さんももちろんいるわけです。大きなお寺の主だったお坊さんたちは、貴族の次男、三男です。この時代、だいたいは長男が跡を継いで、次男、三男は出家して、お坊さんの世界の偉い人になっていくわけです。

春、桜の季節に京都の町に激しい風が吹くわけです。その風を見て、お寺の縁側で小僧がしくしく泣き始める。その小僧の姿を見て、そのお寺のお坊さんが小僧さんに声をかけた。激しい風が吹いて、桜の木々の葉っぱがひらひらと宙を舞っている。その姿を見て涙を流しているわけですから、「おまえは桜の花を惜しんで泣いているのか」つまり風流がわかるようになったかといって、その小僧を褒めたのです。

ところが小僧さんは、「いや違うんです」と答えるのです。「花が散るなんてどうでもいい。つらくなんかない。私の父の作っている麦の花が散って実にならないと思うと、つらいのです」。つまり、田舎の父親が丹精込めて育てた麦が実らなければ、みんなが大変に困り、自分も昨年の大風で寺に預けられた。今年は誰かが餓死するかもしれないと思うと、悲しくて涙が出たのですと、小僧さんがお坊さんに答えるわけです。

その時にお坊さんは、それに対してなんというかというと、「うたてしやな」というのです。「なんと無風流なやつよ、情けない」、こういうように切って捨てるわけです。

つまり、大きな寺はみんな荘園というものを抱えています。全国に荘園があるわけです。ここが大変でも、こっちからのものが送られてくるとか、いろいろあって、大きなお寺の中は、食うに困るということはないわけです。しかも貴族の次男、三男たちですから、風流を楽しむのがお坊さんだということになっていたのです。ですから、本当に毎日の生活が大変という人たちにとって、お寺はある意味で頼みの綱であり、助けてくれる場所でもあったはずです。けれども、人々が災害や疫病の中で苦しみ、のたうち回っている時に、そのお坊さんたちは風流のほうが大事、そういうようなことでもあったのです。

では、その風流を大事にしているお坊さんたちはどうしているかというと、貴族や天皇に頼まれて御祈禱をするわけです。お祈りをするために、大きな法会、法要を勤めるわけです。そのような時代です。

もうちょっと前からいうと、一〇五二年という年が、日本ではこの年から末法が始まると信じられていました。この時代、日本では紀元前九四九年に仏滅、お釈迦さまが亡くなられた、こういうように信じていました。あるいはそう伝わっていた。仏滅からいうと、ちょうど二千年が経過した一〇五一年で、正法・像法の時代が終わるわけです。一〇五二年は、二千一年目になるわけです。

二、末法の時代に入って

仏教には、末法思想という考え方があります。年数についてはいろいろな説がありますけれども、釈尊が亡くなってから千年間は、正法《しょうぼう》の時代といいます。正法の時代は、釈尊が説かれた教えがあり、その教えに基づいて実践する人がいて、そしてその実践した結果、悟りを得る人が出る、そういう時代です。

これが終わると、次の千年は、像法《ぞうぼう》の時代といいます。像法時代というのは、釈尊の教えは残っていて、それを一生懸命修行する人もいる。けれども、悟りを開く人は出なくなるという時代です。

これが終わると末法です。末法の時代は、釈尊が説かれた教えは残っているけれども、本気でそれを実行する人も、もちろんその結果悟りを得る人もいない。ただ教えだけがあるという時代です。

これは正法千年、像法千年という考え方もあるし、正法五百年、像法千年という考え方もあるし、いろいろあるのです。たとえば正法五百年、像法千年という考え方でいくと、五五二年から末法になるということになります。『日本書紀』によると、仏教が百済から日本に伝わったのは、この五五二年であると記述されています。

ところが、今歴史の専門家の間では、「違うだろう」といわれています。『上宮聖徳法王帝説』という書物のほうには、今の紀元に直すと五三八年に日本に仏教が伝わったということになっていて、こちらが正しいだろうということになっています。なぜ五五二年が正しいと思われないかというと、あまりにもぴったりの年だからです。つまり、『日本書紀』では、末法が始まるその年に、日本に仏教が伝わったという考え方で、仏教伝来は五五二年だとされているということです。

その五百年後の一〇五二年に、末法が来る。末法が来るということは、世の中が荒れ果て、人間の心が荒れ果てていくということです。この世で救われるということが、本当に成り立たなくなっていく。教えはあるけれども、本気で実行する人がいない。言葉を換えていえば、お坊さんがみんな偽者になっていく、そういう時代です。

実際に比叡山も奈良の寺々も、僧兵という人たちがいっぱい出てきます。僧兵というのは、戦うお坊さんです。なぎなたや刀を持って戦うお坊さんですから、いわば仏教の考え方からいちばん遠いことをする人たちになってしまうわけです。仏教のいちばん基本の考え方は、一言でいえば、あなたがいただいているいのちを大事に生きましょうということです。それを傷つけるということを、お坊さんがやっているわけです。

お坊さん、出家者というのは、世間の法律で取り締まることができないのです。親鸞聖人も法然上人も、流罪となって罪人として流されます。その時に、お坊さんは世間の法律の適用外ですから、お坊さんのままでは罰することはできない。ですからお坊さんを無理やりやめさせられて、藤井という名字をつけられるわけです。これを還俗《げんぞく》といいます。

お坊さんは、世間の法律の外です。ついこのあいだ、江戸時代の終わりまでそうだったのです。ですからお坊さんは、江戸時代でもほとんどの関所は通れたわけです。お釈迦さまの時代からずっとそうでした。今でも、たとえばミャンマーのお坊さんには選挙権はないのです。それは、世間の法律の適用を受けないからです。国の刑法とか民法の対象外ですから、選挙権も、納税や徴兵の義務もなければ、裁判で証言しても、それは取り上げられないのです。

そういう、法律で取り締まることのできない人が、刀を持って大暴れしているというのは、本当に世も末だという感じを人々に与えるのではないかというように思います。そうすると、その当時の人々は、今生きているこの時代そのものに絶望するしかなくなっていくわけです。

養和の元年に、今までなかったほどの大飢饉が襲ってきます。これは二年にわたって雨が降らなかったからなのです。

鴨長明という人が書いた『方丈記』という書物があります。鴨長明が二十九歳から三十歳ごろが、この養和元年に当たるのですけれども、そのころのことを後に思い出して『方丈記』という書物に書いておられますので、それをちょっと読んでみます。

また、養和《ようわ》のころとか、久しくなりて覚えず、二年《ふたとせ》があひだ、世中飢渇《よのなかけかつ》して、あさましき事侍《はべ》りき。あるいは春・夏ひでり、あるいは秋、大風《おおかぜ》・洪水など、よからぬ事どもうち続きて、五穀ことごとくならず。むなしく春かへし、夏植うるいとなみありて、秋刈り冬収むるぞめきはなし。

これによりて、国々の民、あるいは地を棄てて境を出で《い》、あるいは家を忘れて山に住む。さまざまの御祈《おんいのり》はじまりて、なべてならぬ法ども行はるれど、更にそのしるしなし。京のならひ、何わざにつけても、みなもとは田舎をこそ頼めるに、絶えて上《のぼ》るものなければ、さのみやは操《みさお》もつくりあへん。念じわびつつ、さまざまの財物《たからもの》、かたはしより捨つるがごとくすれども、更に、目見立《めみた》つる人なし。たまたま換ふるものは金《こがね》を軽《かろ》くし、粟《ぞく》を重くす。乞食《こつじき》、路《みち》のほとりに多く、愁《うれ》へ悲しむ声耳に満てり。前の年、かくのごとく辛《かろ》うじて暮れぬ。明くる年は立ち直るべきかと思ふほどに、あまりさへ疫癘《えきれい》うちそひて、まささまに、あとかたなし。世人《よのひと》みなけいしぬれば、日《ひ》を経《へ》つつきはまりゆくさま、少水の魚《いお》のたとへにかなへり。はてには笠打ち着《き》、足引き包み、よろしき姿したるもの、ひたすらに家ごとに乞《こ》ひ歩《あり》く。かくわびしれたるものどもの、歩《あり》くかと見れば、すなわち倒れ伏しぬ。築地《ついひじ》のつら、道のほとりに、飢え死ぬるもののたぐひ、数も不知《しらず》。取り捨つるわざも知らねば、くさき香《か》世界にみち満ちて、変りゆくかたちありさま、目も当てられぬこと多かり。いはむや、河原などには、馬・車の行き交ふ道だになし。あやしき賤山《しずやま》がつも力尽きて、薪《たきぎ》さへ乏しくなりゆけば、頼むかたなき人は、自らが家をこぼちて、市《いち》に出《い》でて売る。一人《にん》が持ちて出《い》でたる価《あたひ》、一日が命にだに不及《およばず》とぞ。あやしき事は、薪の中に、赤き丹《に》着き、箔《はく》など所々に見ゆる木、あひまじはりけるを尋ぬれば、すべきかたなきもの、古寺《ふるでら》に至りて仏を盗み、堂の物の具《ぐ》を破り取りて、割り砕けるなりけり。濁悪《じょくあく》の世にしも生れ合ひて、かかる心憂きわざをなん見侍《はべ》りし。また、いとあはれなる事も侍りき。さりがたき妻《め》・をとこ持ちたるものは、その思ひまさりて深きもの、必ず先立ちて死ぬ。その故《ゆえ》は、わが身は次にして、人をいたはしく思ふあひだ、稀々《まれまれ》得たる食ひ物をも、かれに譲るによりてなり。されば、親子あるものは、定《さだ》まれる事にて、親ぞ先立ちける。また、母の命尽きたるを不知《しらず》して、いとけなき子の、なほ乳《ち》を吸ひつゝ臥《ふ》せるなどもありけり。

仁和寺に隆暁法印《りゅうぎょうほういん》といふ人、かくしつつ数も不知《しらず》死ぬる事を悲しみて、その首の見《こうべ》ゆるごとに、額《ひたい》に阿字《あじ》を書きて、縁を結ばしむるわざをなんせられける。人数《ひとかず》を知らむとて、四・五両月を数へたりければ、京のうち、一条よりは南、九条よりは北、京極よりは西、朱雀よりは東の、路《みち》のほとりなる頭《かしら》、すべて四万二千三百余りなんありける。いはむや、その前後に死ぬるもの多く、また河原、白河、西の京、もろもろの辺地《へんじ》などを加へていはば、際限もあるべからず。いかにいはむや、七道諸国をや。

内容を詳しく見ていきますと、「また、養和《ようわ》のころとか」、養和というのは、この養和の時代です。「久しくなりて覚えず」、もうずいぶんたったから、記憶としてはあまり詳しくないかもしれないけれども、「二年《ふたとせ》があひだ、世中飢渇《よのなかけかつ》して、あさましき事侍《はべ》りき」、二年にわたって世の中が食べ物が得られないために、人々の心まですさんでしまった。「あるいは春・夏ひでり、あるいは秋、大風《おおかぜ》・洪水など、よからぬ事どもうち続きて、五穀」、五穀とは米とか穀物の「五穀ことごとくならず。むなしく春かへし、夏植うるいとなみありて、秋刈り冬収むるぞめきはなし」。だから一年が全然だめだ。次の年に希望をかけて、春に一生懸命耕して、夏に植えて、秋に収穫しようと思ったけれども、「秋刈り冬収むるぞめきはなし」。みんながにぎやかにざわざわしているのが「ぞめき」です。そういうことがなかった。

「これによりて、国々の民、あるいは地を棄てて境を出《い》で、あるいは家を忘れて山に住む」、家に住めなくなる。あるいはその土地に住めなくなる。「さまざまの御祈《おんいのり》はじまりて」、これはお寺のお坊さんたちはお祈りをしてくれる。「なべてならぬ法ども行はるれど」、「なべてならぬ法」といったら、もう本当に普通ではない、特別な法要を勤める。「行はるれど、更にそのしるしなし」。何の効果もなかった。

「京のならひ、何わざにつけても、みなもとは田舎をこそ頼めるに、絶えて上《のぼ》るものなければ、さのみやは操《みさお》もつくりあへん」。京都で生活している人たちはみんないなかから物資が京都へ運ばれてきて、それによって生活しているのだけれども、「絶えて上るものなければ」、もう全然京都へいろいろな作物が運ばれてこない。「さのみやは操もつくりあへん」、ですから、京都に住んでいる人たちも、「操」ですから、プライドを保って、節制のある生活なんかするような、それどころではなくなっていくわけです。「念じわびつつ、さまざまの財物《たからもの》、かたはしより捨つるがごとくすれども、更に、目見立《みめた》つる人なし」。持っている財産を、これと食べ物と交換してくれ。これ売ってやるから、こう言うけれども、「更に、目見立つる人なし」、だれも目を向けてくれない。「たまたま換ふるものは金《こがね》を軽《かろ》くし、粟《ぞく》を重くす」。山のように黄金を積んでも、ほんの少しの穀物と交換できるぐらいである。「乞食《こつじき》、路《みち》のほとりに多く、愁《うれ》へ悲しむ声耳に満てり」。

「前の年、かくのごとく辛《かろ》うじて暮れぬ。明くる年は立ち直るべきかと思ふほどに、あまりさへ疫癘《えきれい》うちそひて、まさゝまに、あとかたなし」。こんどは流行病がはやって、「あとかたなし」ですから、回復の見込みがないというのです。「世人《よのひと》みなけいしぬれば」、「けいし」というのは飢えということです。「日《ひ》を経《へ》つつきはまりゆくさま、少水の魚《いお》のたとへにかなへり」。水がなくなった状態の池の魚みたいになった、こういうことです。「はてには笠打ち着《き》、足引き包み、よろしき姿したるもの、ひたすらに家ごとに乞《こ》ひ歩《あり》く」。本当に身ぎれいにして、打ち飾った貴族の婦人が、ひたすら家ごとに、食べるものください、食べるものくださいと言って、「家ごとに乞ひ歩く」。「かくわびしれたるものども、歩《あり》くかと見れば、すなわち倒れ伏しぬ」。今そこを歩いていたと思ったら、倒れて死んでしまう。「築地《ついひじ》のつら、道のほとりに、飢え死ぬるもののたぐひ、数も不知《しらず》」。飢え死ぬ人の数は、数えることもできない。「取り捨つるわざも知らねば、くさき香《か》世界にみち満ちて、変りゆくかたちありさま、目も当てられぬこと多かり」。もうその遺体の処理をするような余裕もない。ですから死臭が満ち満ちて、あるいは死んでくずれ果てていく、「変りゆくかたちありさま、目も当てられぬこと多かり。いはむや、河原などには、馬・車の行き交ふ道だになし」、通れるところがないぐらい死体がそこらへんにある。

「あやしき賤山《しずやま》がつも力尽きて、薪《たきぎ》さへ乏しくなりゆけば、頼むかたなき人は、自らが家をこぼちて、市《いち》に出《い》でて売る」。もう燃やすものもなくなって、こんどは自分の家を壊して、それを薪として売るのです。「一人《にん》が持ちて出《い》でたる価《あたひ》、一日が命にだに不及《およばず》とぞ」。一日じゅう薪を売っても、一日分の食料にもならない。「あやしき事は、薪の中に、赤き丹《に》着き、箔《はく》など所々に見ゆる木、あひまじはりけるを尋ぬれば、すべきかたなきもの、古《ふる》寺《でら》に至りて仏を盗み、堂の物の具《ぐ》を破り取りて、割り砕けるなりけり」。その薪の中に金箔を張ったものがあった。朱塗りのものがあった。つまりそこらの人の住んでいないようなお寺を打ち壊して、仏像も薪にして売る。そうやってでもこの薪と食べ物を交換してください。「濁悪《じょくあく》の世にしも生れ合ひて、かかる心憂きわざをなん見侍《はべ》りし。また、いとあはれなる事も侍りき」。また本当に「いとあはれなる」ですから、このうえなく辛い悲しいようなこともあった。それは何かというと、「さりがたき妻《め》・をとこ持ちたるものは、その思ひまさりて深きもの、必ず先立ちて死ぬ」。夫婦が一緒にいた場合は、愛の深いものが先に死んだ、こういうわけです。「その思ひまさりて深きもの、必ず先立ちて死ぬ。

その故《ゆえ》は、わが身は次にして、人をいたはしく思ふあひだ、稀々《まれまれ》得たる食ひ物をも、かれに譲るによりてなり」。本当にやっと手に入った食べ物だけれども、二人は生きられない。だから私はいいから、あなたが食べてください。そういう「その思ひまさりて深きもの、必ず先立ちて死ぬ」。「されば、親子あるものは、定《さだ》まれる事にて、親ぞ先立ちける。また、母の命尽きたるを不知《しらず》して、いとけなき子の、なほ乳《ち》を吸ひつゝ臥《ふ》せるなどもありけり」。母親が死んでいるのをわからないから、赤ちゃんが、死んだ母親のおっぱいに吸いつきながら横になっている。

「仁和寺に隆暁《りゅうぎょう》法印《ほういん》といふ人、かくしつゝ数も不知《しらず》死ぬる事を悲しみて、その首《こうべ》の見ゆるごとに、額《ひたい》に阿字《あじ》を書きて、縁を結ばしむるわざをなんせられける」。仁和寺の隆暁というお坊さんが、これはこのままではいかんといって、だれからも弔われないままの遺体の額に阿字、つまり「阿」という字を書いて、拝んで回る。弔いをして回る。

阿字というのは、卒塔婆《そとば》のいちばん上に書いてある字です。あるいは五輪の塔のいちばん上の字です。「阿」は大地や仏の頭を表します。五輪というのは、地、水、火、風、空の五つです。「阿」はそのいちばん上の「地」です。

この「阿」というのを一生懸命思い浮かべながらする座禅のことを、阿字観といいます。真言宗とか天台宗では、そういう修行があるぐらい、この「阿」という字が大事にされるわけです。

「人数《ひとかず》を知らむとて」、何人かちょっと数えようと思って、「四・五両月を数へたりければ」、四月と五月、二か月だけ数を数えてみた。「京のうち、一条よりは南、九条よりは北」、一条から九条の間、「京極よりは西、朱雀よりは東の、路《みち》のほとりなる頭《かしら》、すべて四万二千三百余りなんありける」。たった二か月間で、それだけの空間だけで四万二千三百人の遺体にこの「阿」という字を書いて回った。「いはむや、その前後に死ぬるもの多く、また河原、白河、西の京、もろもろの辺地《へんじ》などを加へていはば、際限もあるべからず。いかにいはむや、七道諸国をや」。こういうことです。

またそのほかに、地震の話とか、いろいろな話がずっと出てくるのですけれども省略します。当時の状況は、その当時のことをよく知っている人が書いた今の文章などが、リアルにその当時の状況というものを表していると思います。

三、親鸞聖人の出家

実はこの年に、親鸞聖人は出家されたのです。一一七三年に誕生されて、この年一一八一年に出家されました。数え年の九歳です。よくわかっていないこともいろいろありますけれども、この前の年に、親鸞聖人のお母さんが亡くなられた。その少し前に、親鸞聖人のお父さんがいなくなった。これは死んでしまわれたという考え方もありますし、お坊さんになられたという考え方もある。いろいろあるのですけれども、すくなくとも親鸞聖人の家庭から数年前にお父さんがいなくなり、この出家の年の前の年にはお母さんが死んでしまわれた。つまり親鸞聖人の兄弟は孤児になるわけです。弟が四人おられます。

それで、おじさんの家に預けられるわけです。日野家の宗業《むねなり》とか範綱《のりつな》とかいう人です。このかたがたは、この時代の古文、漢文の先生です。文章《もんじょう》の博士《はかせ》とか歌詠み人、歌人です。ですから親鸞聖人は、非常に文学的教養の深い方々の空気の中で幼いころを過ごされるわけです。おそらくお父さんがいなくなってからは、多分お母さんと一緒に、宗業とか範綱という人たちのところにおられたのかもしれません。

この年、一一八一年に出家をされたということです。これは想像でしかありませんけれども、出家の動機は何か。親鸞聖人御自身の意思なのか、あるいは『方丈記』の記述のような状況ですから、それこそ食べるに困ってということだって当然あったに違いない。

そういう状況の中で、仏の世界、仏門に入るとしたときに、「親鸞聖人は何を求められたのか」ということを、それぞれにいろいろとお感じいただきたいと思うことです。

この九歳の時に出家されたお寺、場所は青蓮院というところです。天台宗の門跡寺院といわれるところですけれども、ここの慈円というお坊さんに、出家の儀式を執り行ってもらったということです。

出家というのは、戒という僧の生活規範を受けることです。受戒といいます。真宗では法名といいますけれども、真宗以外では戒名といいます。戒をたもつ者としての名前をいただきます。仏弟子になるということは、戒を守る人になるということですから、戒を受ける、あるいは戒を授けるといいます。受戒と授戒、両方あるのですけれども、授けてくれる先生のことを戒師といいます。違う言い方では和尚といいます。和尚というのは、自分がお坊さんになる時の先生です。これは一生の先生になるのです。逆にいうと、この和尚は、自分の弟子の面倒をずっと見るわけです。自分の弟子のバックアップをするわけです。

この慈円という人は、『愚管抄』という書物を鎌倉時代に書いています。そのもう少し後に関白になる、九條兼実の弟です。世俗の最高権力者の次ぐらいの人の弟です。この人は、ただ貴族の生まれというだけではなくて、本当に学問も修行もずば抜けた人です。現在でもそうですけれども、比叡山の最高位を座主《ざす》といいます。養和元年の時は違いますけれども、後に比叡山の最高位の座主に三回もなった人です。

つまり、後にこの時代の仏教全体の最高位になる人の下で、親鸞聖人は出家をされるわけです。ですから親鸞聖人という人は、特待生かどうか知りませんけれども、ある意味比叡山では大変恵まれたポジションで過ごされたのでしょう。

この出家の時の言い伝えもいろいろあります。この出家は、春の夜中に行われたのです。ですから今ここにおられるお坊さんがたは、みな本山東本願寺で得度式を受けているわけですけれども、あの得度式はいっぺん戸を全部閉じて部屋を全部真っ暗にして、夜半という形をとるわけです。

親鸞聖人は、青蓮院へ夕方駆け込んでいくわけです。すると、「もう夜だし、明日にせぬか」という話になるわけです。その時に有名な、

明日ありと思う心のあだ桜　夜半《よわ》に嵐の吹かぬものかわ

九歳の親鸞聖人が、こういう歌を読まれたという言い伝えがあります。今でも青蓮院へ行くと、石にこの歌が彫ってあります。あの石はずいぶん後にできたものですから、わかりませんけれども。桜が満開に咲いている。花見をするか。まあ明日でいいじゃないかと思うかもしれないけれども、夜中に大嵐が吹いて、花は全部散ってしまうかもしれない。今しなければならないことを、明日に延ばしてはいけない、こういう意味の歌です。

これは、うがった見方をすれば、明日に延ばすことができない事情があったのではないかということもあるかもしれません。つまり出家の世界に入りさえすれば、この娑婆の世

界の借金の取り立てにしても、あらゆることから免除されるわけですから、それはわかりませんが。本当に純粋に、この世の人々、この社会を救わねばならぬという崇高なお気もちで発心された、そういうこともあったかもしれません。あったに違いないと思います。しかしその周辺の状況を考えると、そんな立派なことだけでは済まないのではないかということも、少し想像がつくわけです。

伯父さんの日野範綱卿といわれる人に伴われて、青蓮院で出家され、この後比叡山で学問をし、修行をされるわけです。

比叡山というところは、「論湿寒貧」とよくいわれます。「論」というのは、学問をするところだということです。比叡山の学問の特徴は、問答形式です。つい一昨日比叡山へ行く研修があって、行って、そのあたりのことを聞かせてもらったのです。今でも天台宗のある位をもらうために、そういう試験があるのです。真っ暗な中で、ある場所に座らされてか立たされてか知りませんけれども、二十人、三十人のお坊さんからいっぱい議論を吹っ掛けられるわけです。それに答えていかないといけないというのです。今は、問答集を丸暗記すればいいのですけれども、そういう議論があるのです。

チベット仏教も勉強のシステムは、聖教を暗誦して、その後は本当に隅から隅まで議論なのです。師匠が問うて、それに間髪を入れず弟子が答える。「そんなものじゃだめだ」

といって、またばんと問いが続く。その時にチベット仏教のおもしろいのは、師匠が問いながらパンと手をたたくのです。「○○はいかに」と、こうやって手をたたくと、「○○なり」と答えるわけです。日本語で言えばです。もちろんチベット語でやるのでしょうけれども、そういう議論を戦わせるやり方で、徹底的に学問をするわけです。

「湿」は、比叡山は湿度が高くて、いつも霧がかかっていたり、じめじめしている。また冬は寒いところですので、「寒」。「貧」は、質素な生活ということです。そういうところで二十年間を過ごされるわけです。

四、比叡山のさまざまな修行

比叡山には、さまざまな修行があります。いちばん本格的な修業は、十二年籠山《ろうざん》といいます。一度始めたら、十二年間出てこられない。しかし、十二年間三百六十五日連続ということではありません。たとえば千日回峰行というのがありますけれども、あれは百日連続で修行して、二年目にまた百日して、三年目に百日して、四年目に二百日して、五年目に二百日して、六年目に二百日して、そして最後の七年目に、残りを修行して終わるわけです。その百日とか二百日の間は連続です。

中には、六百何十日したけれども、都合でできなくなってしまった人がいて、それで全部パーになったという話もあったりします。

この十二年のうちの七年間は、千日回峰行になるわけです。千日回峰行というのは、比叡山には東塔、西塔、横川《よかわ》、それから下に降りたところに日吉神社があって、そこを毎日歩いて回るわけです。七里半あるといいます。今でいえば三十キロですけれども、千日回峰行をされた大阿闍梨《あじゃり》さんによると、「まあ二十五キロぐらいかな」といっておられました。途中にポイントが二百六十か所ある。その二百六十か所で礼拝行をしながら回るわけです。

七百日までいったところで、明王堂の堂入《どういり》というのがあります。明王堂というのは、不動明王を中心として五明王を安置しているお堂です。そこで九日間の堂入というのをします。この九日間は、断食で、食べてはいけない。断水で、水を飲んではいけない。不眠で、眠ってはいけない。不臥で、横になってはいけない。断食、断水、不眠、不臥の修行なのです。九日間といっても、われわれは朝から晩まで一日だと思っていますけれども、一日は昼から昼までです。午後から始まって、午前に終わりますから、実際は丸九日ではなく、八昼夜です。

中でじっとして寝ていてもわからないのではないかと思うかもしれませんけれども、それはそうはいきません。毎日夜中の二時に、閼伽井《あかい》という井戸があるのですけれども、そこまでお不動さんのお水を交換するために、水を汲みに行かないといけないのです。

先日、その大阿闍梨の一人にお話を伺う機会がありました。その行の途中で死んだ人が、一人だけいるといっておられました。その人は、堂入は九日間なのに、まだいけると思って、もう一日したのだそうです。その人は亡くなったそうです。つまり、やはり九日間というのが、経験的に人間のできるぎりぎりの限界だということです。

雨が降ってくるとうれしいのだそうです。口から水が飲めない。雨に当たると皮膚から水が吸収できるというのです。途中その閼伽井で師匠から手に水をかけてもらうのです。水分が皮膚を通して入ってくる、実際にされた方の話を一昨日聞いたのですけれども、そういっておられました。とにかく、比叡山というのは、そういう修行の道場です。

親鸞聖人が何の行をされたかということは、よくわかりません。これもいろいろな説があって、たとえば仏光寺派に伝わる親鸞聖人の伝記では、比叡山の大乗院というところにおられたという話があります。大乗院は無動谷にあって、千日回峰の行者さんたちがいるところなのです。ですから、親鸞聖人もされたかもしれません。横川というところにも、もちろんおられました。

親鸞聖人が、比叡山で何をしておられたかということに関しては、少なくとも奥さまの恵信尼公のお手紙の中には、常行堂の堂僧をしておられたと書いてあります。堂僧というのは、そのお堂の係のお坊さんということです。常行三昧という修行があります。これは念仏しながら九十日間歩き続けるという修行です。お堂の真ん中に阿弥陀さんの仏像があって、その周りは全部廊下になっていて、それを右回りに九十日間歩き続ける。日に二回食事とか排泄とか、そういうことでお堂の外に出るだけで、用事がすめばすぐに戻ってくる。それ以外は、お堂の中でずっと歩き続けるわけです。

そんなことができるわけがないと思うかもしれませんけれども、手すりのような太い丸い柱がタテの柱と柱の間にわたされてくくりつけてあって、そこへ寄りかかって休憩するわけです。

本格的に休みたい時は、体操の平行棒のようなものがあって、そこに両脇を預けて立って寝る、あるいは休む。私はやったことがないのですけれども、想像がつくように、しばらくすればひざが抜けて床に叩きつけられます。そうしたらまた「ナームーアーミー」といいながら回っていく。

実際私は、三年前の夏に、八月の六日でしたが、行った時に、ちょうど八月一日から常行三昧が始まったということで、一昨日は中を見せてもらったのですが、その時は中は見せてもらえませんでした。しかしその時は、すき間から行者の声が外に聞こえました。本当にうめき声みたいなお念仏です。でも、説明してくれた天台宗のお坊さんは、「まだ始まって一週間ですから、元気なもんですよ」といわれていました。直角に回っていくのですけれども、やっていると、どこまでも続くまっすぐな廊下に見えてくるのだそうです。常行三昧堂は、行がある時は、お堂の隅に「南無阿弥陀仏」というのを、ここには楷書で書き、ここには行書で書きと、書体を変えて置いてあって、それを見て、今自分がどこにいるかというのがわかるようになっているのです。そうでなければ、蠟燭の火の中で朝も昼も晩もずっと歩き続けているのですから、今どこにいるのかわからなくなるのだそうです。親鸞聖人は、すくなくとも常行堂のお坊さんでしたから、その行はされたかもしれません。ほんとうはどうであったのかわかりませんが、常行堂の堂僧はしておられた。

さあ、この修行というのは、何のためにするのでしょうか。今でもしておられる方がおられます。千日回峰行の途中の方がおられます。常行三昧も、毎年される方がおられます。そのお堂では、いっぺんに一人ずつしかできないのです。一つのお堂では一人です。ほかには常坐三昧もあります。半行半坐三昧や、非行非坐三昧というのもあります。いろいろな行があります。

修行というものは、ひと言でいえば、煩悩を断ち切って悟りを開くためにするわけです。我々は、心の中にいろいろな濁りとか、垢みたいなものがいっぱいあるわけです。それを浄化していくために、清浄にしていくために行というものがいろいろ考えられているわけです。

人間に体力があるかぎり、人間は欲からは絶対に解放されません。腹は減るし、眠くもなる。堂入というのは、そこからの解放だと、その大阿闍梨さんはいわれていました。九日も断食したら、その後何も食べられません。食欲もないのですが、断食、断水していると、目がものすごくさえて眠くならないのだそうです。

親鸞聖人は、おそらく徹底的にいろいろとやられたと思います。それは何かといいますと、煩悩を断ち切りたいという思いです。私なんかこうやって偉そうにみなさんの前に立っていますけれども、これはいってみれば、煩悩がネクタイしてお坊さんの格好して立っているみたいなものなのです。煩悩がこうやって歩いているという感じです。いつも家族から「いっていることと、やっていること違うやないか」といわれています。自分というものを振り返れば、そういうのが私の姿です。そうであるからこそ、それを何とか消し去って、本当に清らかな清浄な心になりたいということです。

本当に命をかける修行を二十年間されて、親鸞聖人という人は、行き詰まってしまわれるわけです。それを死ぬまでしたからといって、自分が求めている悟りの境地とか、仏の境地とか救いとか、そういうところに行ける私ではないということに出遇っていかれた。

ぶつかってしまわれたわけです。親鸞聖人の二十九歳までは、だいたいそういうことであります。

五、親鸞聖人は何を求められたのか

そこで少しみなさんに考えていただきたいことは、今日のテーマであります「親鸞聖人は何を求められたか」ということです。前回は「人間は何を求めているのでしょう」という話でした。みなさんもそれぞれに、こうなったらいいな、ああなりたいなというものがおありだと思います。

求めているものに向かって進むのだと思っておられると思いますけれども、お内仏の説明の中でも、お内仏は浄土の世界だ。ですから、その浄土の世界に娑婆の愛欲を持ち込んではいけないという説明がありました。けれども、私たちは、この娑婆の欲望から離れて求めるべきものをいくら考えてもわからないのです。この娑婆の欲望から解放されるために、仏道修行をやっているわけです。ところが、娑婆の欲望から解放されるためにしている者は、娑婆の欲望から解放された状態がどういう状態かということが、娑婆の欲望を持っている間は分からないのです。ここがとても厄介なところです。

もっと砕いていえば、私がこうなったらいいなと求めているものは、みなさんにもおありだと思います。だれにだってある。私たちは、私の求めているものが、私が求めている通りに満たされることが幸せだと思っているわけです。つまり幸せというのは、私の請求が都合よく充足されることだと思っています。請求というのは、これはイヤというのも請求です。こうしたくないというのも請求です。それが私の思ったとおりに、私のいちばん都合のいいように満たされたときに、人間は幸せになれると思っています。けれども、そんなことは全然ないのです。

満たされれば満たされるほど、迷いは深くなる。なぜかというと、本当に求めるべきものが何かということがわからないからです。わからないから、手近なところで求めるのです。あるいは、よく考えてみると、私が欲しいと思っているモノは、すべて外からの情報によって起こった欲ではありませんか。食べたいもの、着たい服、住みたい家、行きたいところ、みな自分自身の中からというよりも、外から与えられて、つまり誘導されたり作られた欲望なのでしょう。

日本のある新聞社が、「あなたの人生にとってもっとも大切なことは何ですか」というアンケートをとったことがあります。それに対して、一番は健康ということでした。あなたは人生で何をいちばん大事にしていますか。一番が健康。二番目が家族。もっと詳しくいえば、平和な家族、家族が仲がいいこと。三番目がお金という答えでした。

ところがこれは、いってみれば全部手段なのです。健康を手に入れて、それで何をしたいのかということを考えないまま、とりあえず健康なのです。あり余るお金を手に入れて、それでどうするのかというのがはっきりしないまま、とりあえずお金だけは儲けておこうということです。

『方丈記』に出てくるように、どれだけお金があっても、飢えている時にはどうにもならないのです。何かを実現するために、健康も必要、家族仲がいいということも必要、人間関係も必要、お金も必要です。その上でその「何かを」というのは何なのだろうかということです。私たちは、目的のための手段だったのに、いつのまにか手段が目的になってしまって、金は儲けたけれども、これでどうするのだったっけみたいなことになっていないかということです。

仏法に触れた人たちの特徴は、「あ、自分が求めていたのはこのことだったのだ」というのは、出遇ってから気がつくのです。なぜかというと、出遇う前はそんなことは思いもつかないのです。求めるその選択肢の中に入っていないのです。

そうなのだ、私はこういう生き方がしたかったのだ。この人のこのひと言が聞きたかったのだ。それに今日出遇えた。そういう経験を持つわけです。親鸞聖人も、二十九歳まではそれがなかったわけです。

比叡山には、こうやって、こうやって、こうやったらこうなるぞという、ちゃんとしたカリキュラムというものがあるわけです。たとえば常行三昧をすれば、湧仏《ゆうぶつ》というのですけれども、仏さまが床から湧き上がってくる。いろいろな仏に出遇うことができる、こういわれているわけです。十二年籠山をしている間に、観仏というのですが、かならず仏を見ることになるといわれます。

親鸞聖人は、本当に仏が見えたのかどうかわかりません。私の想像では、仏は見えたかもしれないけれども、仏の声が聞こえなかった。仏さまが、何を私に願っておられるのか。私たちは、私の願い、私が求めることしか私からは出てこないのです。私の願いの奥底にある、自分でも気づかなかった根本の願いを、仏様に聞いていく。これは、仏教の歴史の中でものすごい大転換なのです。

天台宗や真言宗では、護摩《ごま》を焚くということがあります。京都でも大文字の送り火というのがあります。あの大文字の送り火は、何を焚いているかというと、護摩木を焚いているわけです。願いが書かれた割り木を、その願いが成就しますようにと、行者さんがお経を読みながら火にくべるのです。それを「護摩を焚く」といいます。

ところが、その願いというのは、私の都合よくいきますように、つまり不都合は他人のところへという願いですから、願いがかなえばかなうほど、世の中ぐじゃぐじゃになっていきます。また、私の願いといいますが、本当にそれは私から出ているのでしょうか。実は、私と思っているけれども、テレビのコマーシャルをはじめとするさまざまな外からの情報によって、作られた願いではありませんか。仕向けられているというか、誘導されているというか、自分が求めていると思わせられているように思います。お金を儲ける側からいえば、そういう、今まではなかったような欲求を作り出せば、お金を払って求めてくれるのです。

親鸞聖人は、後に出遇ってはじめて仏さまが求めてくださっていること、仏さまが願ってくださることが、本当に私が願っていることであったと転換されたのです。つまり主語が「私が」ではなしに、「仏さまが」に転換するわけです。

それが次回以降の話ですけれども、今日のところは、私が求めるものを必死で求めた。もう半端じゃない求め方で学問もされ、修行もされた。ところが、行き詰まってしまわれたわけです。

第二回目、親鸞聖人がどんな時代にお生まれになられて、どういう少青年時代を過ごされたか。その中で、比叡山とか仏教というのはどういうことなのかということを、少しお話申し上げました。

三、法然上人との出遇い

一、仏教に何を求めるのか

前回は、比叡山のさまざまな修行等についてお話したわけです。親鸞聖人は出家しておられたのですが、その出家とはどういうことなのだろうか。一番の問題は煩悩です。それをなくす、解消する、超える、それが基本的目標です。確かに、修行の中で、瞬間的には煩悩がなくなったような、非常に清らかな感じになる瞬間はあると思います。

私も真宗大谷派で得度したのですけれども、昔々ビルマ（ミャンマー）で南方上座部のやり方で出家したことがあります。今思い出しましたのですが、頭を剃ってもらう時に唱える言葉があります。パーリ語の言葉なのですけれど、それを唱えながら頭を剃ってもらうわけです。その時、そういうように思うだけかもしれないけれども、何か本当に自分の煩悩、汚れ、さまざまなものが髪の毛といっしょに脱落していくような感じがあります。ですから、頭を剃るというようなことも、そういうような意味があるのだろうと思います。

しかし、人間の心というのは、あっという間に元に戻ってしまうのです。いろいろなことをやっている中で、何かの拍子に清浄になったと感じる瞬間があるとは思います。しかし、煩悩が根本から解決するということが、継続的に固定することはありません。ただ、煩悩の正体が、少しずつ見えてくるというようなことはあるのでしょうね。

仏道の修行についても、人間の知恵の方から考えたことは、結局のところ本当のことが出てこないのです。分からないのです。出遇ってはじめて、あ、自分が求めていたのはこれだったのだということに気付くわけです。今もこうやってお話を聞いていただいていますけれども、私たちはこれが分かりたいと思って話を聞くのですけれども、それもまた私とか、私の都合とか、私の求めとか、私の知恵の理解の範囲とか、そういうところからのものになってしまっています。

簡単にいえば、レベルの低い状態からレベルの高い状態へ上がっていこうというのが、修行であり学問です。人間性でいったら、悪人から善人に、凡夫から聖者にという方向です。凡夫の方は、濁っている状態です。聖者の方は、清浄な状態です。悪人であったり、愚かであったり、あるいは罪深いとか、そういう状態、一言でいったら凡夫ですけれども、凡夫の状態からいろいろとすることで、聖者へ向かっていくということです。出家修行の最終目標は、六道を超えるということです。これを、解脱《げだつ》といいます。

ところが、我々は、六道の中の天人の生活を目指しているわけです。衣食住に困らず、長生きで、健康で、欲しいものが手に入って、困ることが少なくてというのを目指しているわけです。けれども、天人は六道の世界の中ですから、一瞬後に地獄に変化するということはいくらでもあるのです。

岡崎別院の境内へ入って、何か清浄な、そして天人界に遊んでいるような気持ちになっていたとしても、帰りのバスの中で足を踏まれたりすると、即座に修羅道に落ちたりするわけです。それが我々なのです。ですから、条件が一つ変わったら、地獄に感じ、また餓鬼とか修羅道とか、そういうのも本当に瞬間瞬間ぐるぐる回っているわけです。そこから出られないというのが、基本的なものの考え方です。

ところが、あとから分かってみると、比叡山の修行も人間の頭の考えたことでありますし、親鸞聖人という方は、法然上人もそうなのだけれども、そういうことに破れる、そういう考え方ではもうどうにもならないのだということに出遇っていかれるわけです。

あるいは、この出家修行ということでも、誰ができるかというと、本当にごくわずかの限られた人しかできません。また、出家者はたくさんいても、それを本当にやり遂げる人、本来の意味での出家を続けることのできる人というのも、また限られていたのです。

今日のテーマは、「法然上人との出遇い」ということですけれども、法然上人がお坊さんになられた動機というのが、自分が聖者になるというものではなかったのです。法然上人は、父親から「あらゆる人が安心して生きていける道を、おまえは見つけてくれ」といわれて出家されたのです。

法然上人のお父さんは、漆間《うるま》時国という人です。美作の国の押領《おうりょう》使《じ》でした。今でいったら裁判官と警察署長を兼ねているような人です。いろいろと揉め事があったりすると、間に入ったり、あるいは決裁をしたりして、「これはあんたの方が悪いから、こっちに分があるから」というように、揉め事をおさめる仕事をしていました。そうすると「だめだ」といわれた方は、憎んだり、腹を立てたり、そんなことがあるわけです。それで、ある時、明石源内武者定明という人が、法然上人のお父さんの家に夜襲をかけて、大騒動になるわけです。攻撃を受けて、家を燃やされるわけです。法然上人は、その当時九歳で、勢至丸という名前です。伝承では、勢至丸は、小さい時から弓を習っていました。父親が襲われたわけですから、子どもなりに、子ども用の小さい弓を取ってきて、そして明石定明が法然の父親をねらって弓を絞っている時に、勢至丸は弓で定明を撃つわけです。そうすると、それが定明の眉間に当たる。ところが、子ども用の弓ですから致命傷にはならずに、怪我をするだけでした。しかし、それで手もとが多少狂ったのでしょう、父親の漆間時国は、即死ではなくて大怪我をするわけです。

それで勢至丸は、侍の子ですから、父親に敵討ちを誓うわけです。ところが、敵討ちを誓う勢至丸に対して、父親の漆間時国は、それを禁じるわけです。

今の話が、六道のうちの修羅道です。修羅の世界は地獄を生み出す。あるいは餓鬼を生み出す。そういうことになるわけです。とにかく我々は今、何か天のようないいイメージにあるような時、いい条件・環境の時がありますけれども、いつでも修羅の世界に、つまり争い、憎しみ、許せないというような世界に転落する。転落して、これを実行に移すと、そこが地獄になっていく。そのことがない世界を見つけてくれというのが、法然上人の父親のいわば遺言です。

しかし、おそらく法然上人は、子どもの頃父親にそれをいわれても、何も理解できなかったのだと思います。母親の兄弟がいるお寺に預けられるのですけれども、理解できない。これもいろいろな説がありまして、お寺の中に入れておけば、絶対殺されることはないだろうということで、命を守るためにそうしたということもあります。ところが法然上人は、おそらく最初はなぜ自分は坊さんなんかにならなければいけないのだ。おれは侍の息子だから、敵討ちこそがという思いがあった。ですから、仏法をしぶしぶ始められたのだろうと思いますけれども、学んでいるうちに変わっていかれるわけです。

法然上人は、ものすごく勉強ができるわけです。美作の国のお寺ぐらいでは、全然対応ができないぐらい勉強ができるわけです。それで、十三歳の時ですけれども、比叡山へ行ってそこで本格的に勉強しなさいと、こういうことになって比叡山へ行くわけです。比叡山へ行ってからも、「智慧第一の法然房」といわれるくらい、比叡山始まって以来の秀才だということで、ばりばり勉強ができていくわけです。しかし、勉強ができればかえって、当初の方向と変わって期待されます。

たとえば、みなさんが子どもの頃に、自分のふるさとにお医者さんがいなくて、お医者さんさえいれば助かる命が、医療態勢が不十分なために自分の大切な人が助からなかったというようなことを目の当たりにしながら子ども時代を過ごして、自分はどんなことがあっても医者になって、この地域へ戻ってくるぞと思って、医学部へ入って勉強する。ところが東大の医学部の中でもトップ・クラスの成績だったりすると、周りの誰もが、「そんな地方の知らないところへ帰って細々と町医者なんかするようなもったいないことをするな」ということになりませんか。君だったら大学に残ることもできるし、日本の医学界のリーダーになれるのだからと、こういう話になるわけです。ところが、その人の出発点は、自分は医者のいない地域で泣いている人たちのために尽くしたいということです。たとえばの話ですがね。

法然上人も、お坊さんになったスタートは、すべての人が生きていける世界、生きていける道というものを求めてくれというのがスタートなのです。すべての人というのを、仏教の言葉では「十方衆生」といいます。十方というのは、四方八方に上と下を足して十方です。つまり例外はないのです。そこから外れるところがない。もうどっちの方向を向いても、ありとあらゆる方向、場面において、苦しんでいる人、生きることに困っている人、悩んでいる人、そういう人たちが生きていける世界、どんな境遇になっても生きていける世界を求めてくれということです。

二、磯長の聖徳太子の御廟での夢告

釈尊の誕生の時に、龍神が甘露を降らせたといわれています。日本の花まつりでは、甘茶で灌仏しますね。その「甘露」は、インドの言葉では「アマタ」とか「アムリタ」といいます。サンスクリットだったら「アムリタ」、パーリ語だったら「アマタ」です。この「マ」というのが、「死」ということです。この「マ」に、中国では「魔」という字を当てはめるわけです。名詞だったら「マーラ」「魔羅」といいます。「魔羅」というのは死神です。その「マ」に「ア」という接頭辞がつくと、意味が逆になります。つまり「アマタ」というのは、死ぬということの逆ですから、生き生きと生きるということです。つまりこの伝承は、人間がどんな境遇でも生き生きと生きられる道を説いて下さる方がお生まれになった、ということを表しています。その逆の逆でいうと、生き生きと生きるという方向から足を引っ張るのが、「魔」なのです。誰でもが生き生きと生きていける、安心して生きることができるというものを、足を引っ張って、それをさせないようにするものが「魔」です。

我々はどうしたって、比べる心とか、人が自分よりいい目に遇っていたら許せないというやっかみの心とか、いろいろなものを持っています。そういうものが、あらゆる人が安心して生き生きと生きるということをさせなくさせてしまうわけです。国と国のエゴもあります。法然上人は、とにかく十方衆生が救われる、生きていける生き方がどこにあるのだ、それが仏教のどこにあるのだということで求め続けられました。しかし「すべての人が、ともにたすけあって生きることのできる道」は、どうしても見つけることができなかった。

そこで法然上人は、比叡山の黒谷で、五千巻余りともいわれるすべての経典を読み尽くされた。それも一回ではなく、何回もです。つまり、お経全集を、仏教の聖典全集を隅から隅まで読まれて、そういう世界が、その道がどこに説かれているのかということを徹底的に探されて、「あ、ここにあった。そうだった」と気付かれました。仏法というのは、限られた者だけ、修行ができる者だけ、条件に恵まれた者だけ、能力のある者だけが努力と知恵によって救われていくのではない。十方の衆生が、等しく救われていく道があるのだということを確信されて、比叡山を下りて、街の中で人々に教えを説かれたのです。

そのような法然上人に出遇われるというのが、今日のテーマの「出遇い」ということですけれども、もうちょっと遡って見てみましょう。親鸞聖人は、九歳で得度されて、比叡山で仏門に入られるわけです。そして、無我夢中から始まって、一生懸命勉強され、修行されます。そして十年が経ちます。つまり十九歳になった。その頃に、今風にいえばスランプということになるのかもしれませんけれども、第一回目の行き詰まりの時代がありました。十九歳の親鸞聖人は、必死で勉強し、やれる限りの修行をこの若さの中でされるわけです。けれども、その方向性、そこのところで、どうしたものだろうかということになって、十九歳の頃に、河内の磯長《しなが》の聖徳太子の御廟に参籠をされたということです。その参籠された時に、夢告を受けたといわれています。夢告というのは、夢の中のお告げということなのですけれども、考え方はいろいろあると思います。西洋でいえば、フロイトやユングが分析したような、夢というものがあると思いますし、東洋には東洋の考え方の夢ということがあると思います。

ただ、我々近代の知恵を身に付けたものからすると、夢の中の話というのは、最初から眉唾、本当かなという目で見るわけです。ところが、自分で気が付いていない自分の意識の中にあるものが、夢の中でしか出遇えないということは、やはりあるのだろうと思います。

しかもこれは、あの十九歳の時の夢告はこうであったと、さかのぼるような形で表現されるわけですから。

磯長の夢告は、次のような内容です。

我が三尊は塵沙界を化す
日域は大乗相応の地なり
諦《あき》らかに聴け諦らかに聴け我が教令を
汝の命根《みょうこん》応に十余歳なるべし
命終して速やかに清浄土に入らん
善く信ぜよ善く信ぜよ真菩薩よ

夢告の最初に、「我が三尊は塵沙界を化す」とあります。「三尊」というのは、阿弥陀仏と観音菩薩と勢至菩薩のことをいいます。中心になるのは、阿弥陀仏、阿弥陀如来です。比叡山では、ありとあらゆる仏様を礼拝するわけです。仏、菩薩、明王、天、いろいろなものを礼拝するわけです。十九歳の時に、親鸞聖人がそういう意識であったかどうか分かりませんけれども、この夢告の中には、そこから後のことが一種の予言、予告されているわけです。それは、中心になるのは阿弥陀仏という仏様だということです。

「塵沙界」というのは、汚れ、濁っている我々の生きている生き方です。本当のことが分からない。一日生きれば一日罪を犯す。そういう者に、阿弥陀仏という仏様が中心になってはたらきかけてくださるのだ。そのように、はたらきがかかっているということが、「我が三尊は塵沙界を化す」ということです。

「日域は大乗相応の地なり」。「日域」というのは、日本という意味ですけれども、もっと砕いていえば、我々は清らかな生活ができないのですから、増えたか減ったか、勝ったか負けたか、得したか損したかということが中心になっている生活をしているその場です。私たちが今生活している、その生活の場が、「大乗相応の地」であるという。大乗仏教というのは、このぐちゃぐちゃの生活のど真ん中で見えてくる、出遇える真実の世界なのだ。私なりの解釈で申し上げていますけれど、こういうように私は読みます。

「日域は大乗相応の地なり」です。あなたの勉強している大乗仏教というのは、どの場所においてその仏教のはたらきがあるのかといったら、日域、今あなたが生きているその場ですよということです。

それから、「諦らかに聴け諦らかに聴け我が教令を」、「諦らかに聴け」といわれています。「学べ、知れ」ではないのです。「聴け」なのです。何を聴けなのか。「我が教令を」です。「我が」は、聖徳太子という解釈もありますけれども、私なりには阿弥陀如来、仏様なのです。聖徳太子が示してくださっている阿弥陀様、というように読んだらいいと思います。ですから、私が主語になって、私が何かを学ぶという、私ががんばってつかみ取ろうというのではなくて、すでにはたらいてくださっている。「我が三尊は塵沙界を化す」といって、もうこのぐちゃぐちゃの世界にはたらきをかけているぞという、仏様側のメッセージを諦らかに聴けということです。

「汝の命根応に十余歳なるべし」。おまえの寿命が、あと十年と考えなさいということです。つまり「いつかそのうち」ということはだめですよということです。

最初の三帰依文でいうと、「この身今生において度せずんば、さらにいずれの生においてかこの身を度せん」。さらにいずれの生に、来世か、その次か、そのうちに、そんなのではない。この身今生において、しかもその今生は、いつまで命があるかということは、なんの約束もされていない。今ただちに聞かないといけないよということです。

「命終して速やかに清浄土に入らん」。清浄土、極楽浄土、お浄土です。あなたが目指すべき目的地は浄土ですよ。顔を浄土の方に向けなさいということです。

迷うというのは、道が八方に現にあるのです。この「辶（しんにゅう）」は、進むという意味です。どっちへ向いて進んでいいか分からないというのが迷いです。道はあるのです。道はあるのだけれども、どの道を歩めばいいかが分からないという状態のことを、「迷う」といいます。それに対して、はっきりと「迷うことはない。おまえの顔は浄土へ向けよ」と、こういわれているわけです。「浄土に入る」ということ、浄土往生をするということが、おまえのなすべきことであるといわれたわけです。

「善く信ぜよ善く信ぜよ真菩薩よ」。親鸞聖人に、仏様が、あなたは菩薩だと呼びかけておられるわけです。菩薩というのは、本当のことを求める者、菩提（覚り）を求める者のことをいいます。サンスクリットでは、ボーディサットバです。何をせよといわれているかというと、「信ぜよ」といわれる。学問せよとか、修行せよではないのです。信ぜよといわれている。

この段階で、親鸞聖人が、これを本当にその通りに動いていこうということになったのかどうか分かりませんけれども、すでにこの時に予告、予言、予感、だいたい自分が向かうべき方向性というのが示されているわけです。

三、和国の教主

では、なぜ聖徳太子のところへ相談に行かれたかということです。自分が迷っている時、どこへ相談に行きますか。比叡山というのは、後に日蓮宗も出てくる、曹洞宗も出てくる、ありとあらゆる日本の仏教宗派を生み出していく。つまり、それだけ多様なものを比叡山の中では勉強もできたし、求めることができたわけです。ですから、選択肢はいくつもあるわけです。

自分はどっちに向いて進んでいいか分からないという時に、誰に相談すればいいのか。誰に聴けばいいのか。親鸞聖人は、それを聖徳太子に求められたわけです。それはどういうことかといいますと、聖徳太子という人は、お坊さんではないということです。親鸞聖人は、聖徳太子のことを「和国の教主」と呼ばれます。和国といったら、争いのない国ということです。ただ単に大和という意味ではなくて、争いのない国ということです。聖徳太子が「十七条憲法」のいちばん最初で述べておられる理想の国です。和国の教主。教主というのは、釈尊に当たる人です。親鸞聖人は、聖徳太子のことを後にそういうようにおっしゃるわけですが、どこかでやはりひっかかっていた、気になっていたのではないかと思います。聖徳太子の時代は、日本にまだ仏教が正式に伝わって百年もたっていないのです。

『上宮聖徳法王帝説』という書物によれば、百済から日本に仏教が伝わったのは、五三八年だといわれます。『日本書紀』によれば、五五二年といわれています。五五二年は、この年から末法に入るという都合のいい年だから、本当はこの五三八年ではないかといわれるわけです。聖徳太子が生まれたのは、五七四年で、亡くなったのは六二二年です。ですからどっちの伝承が正しいにしても、仏教が日本に伝わってまだ五十年もたっていない時に生まれられているわけです。摂政になるのが、五九三年ぐらいでしょう。その時代に、すでに仏法のいちばん本質をつかんで、それをさまざまに表現しておられ、そしてそれを政治にも家庭生活にも活かしておられるわけです。推古天皇の摂政になられたのが、五九三年で、二十歳の時です。その時にもうすでに、「三宝興隆の詔」とか、「十七条憲法」とか、それから「冠位十二階」を制定されているのです。冠位十二階というのは、家柄でポジションが決まるのではないということです。今の評価制度でもないのですけれども、実力主義です。実力でポジションを決めていきましょうということです。公平な目で見てポジションを決めていきましょうというのが、冠位十二階です。それから推古天皇のために、さまざまに仏法の講義をしておられます。推古天皇のために、『勝鬘経《しょうまんぎょう》』とか『維摩経』

とか『法華経』とかというお経の講義をしておられます。その講義録が、『勝鬘経義疏』『維摩経義疏』『法華経義疏』という、「三経の義疏《ぎしょ》」といわれるものです。その当時、日本と中国の文化のレベルの差というのは、ものすごい差があるわけです。ですから、この差を縮めるために学ばないといけないということで、小野妹子を隋へ派遣して、勉強してきなさい、いろいろなことをもっと教えてもらってきなさいと、こうしなければならないぐらいです。この低いはずの日本で、聖徳太子によって書かれた『三経義疏』は、このはるかにレベルの高い中国に、後にもたらされて、中国のお坊さんたちの教科書になったりするわけです。聖徳太子のレベルの高さが分かりますね。というようなことですから、後になると、あの人は人間ではなかったのだ、あの人は観音菩薩が人間の姿を取って出てきてくださったのだ、ということになっていくわけです。

また親鸞聖人が、二十九歳の時に六角堂の救世観音のところへ行かれて、そこで徹底的に考え抜かれるわけですけれども、それは救世観音という観音様のところへ行くということは、聖徳太子のところへ行くということとイコールなのです。

その聖徳太子は、仏教の専門家、出家者ではないのです。朝から晩まで、仏法のことだけやっている人ではありません。修行に明け暮れた人でもない。奥様もあり、子どももある。橘 大郎女《たちばなのおおいらつめ》という奥様がいらっしゃる。山背 大兄皇子《やましろのおおえのみこ》という子どももいる。政治家として、本当に内政、外交を主導されているわけです。

隋の国に「日出るところの天子」という手紙を出した、そういう方が、お坊さんではない。親鸞聖人は、お坊さんとして朝から晩まで仏教のことだけしているわけです。それで迷い悩んでいるわけです。

ということで、十九歳の時に、そこへ聞きに行こうということです。そして、そういうヒントがあったということです。それでまた比叡山へ帰られて、そこでまたあらためて勉強のし直し、修行のし直しをされるということです。

しかし、比叡山の中というのは、出家のシステムというものが完全にでき上がっているわけです。今でいったらカリキュラムがきちっとあるわけです。そこに身を置く限り、そこを支配しているものの考え方に、また発想がそうなってしまうわけです。だからもっと努力しなければいけない。もっと学ばなければいけない。もっと智慧を磨かなければいけないということに、やはりなってしまうわけです。

四、救世観音菩薩の夢告

それで、おまえの寿命はあと十年だぞといわれた十年が、瞬く間にたってしまうわけです。そして、二十九歳になる。ついに二十九歳です。十年たった段階で、親鸞聖人は、比叡山とはお別れをしようと決意をされるわけです。そのへんのことは、奥様のお手紙の中に、

山を出でて、六角堂に百日こもらせ給いて、後世を祈らせ給いけるに、（『恵信尼消息』聖典六一六頁）

とあります。山を出でて、比叡山を出てしまった。

比叡山へ入るまでは、在家生活です。在家者としての生活。比叡山に入ってからは、出家の生活です。比叡山を出て、また在家の生活へ戻るということではないのです。在家生活、出家生活、どちらをも超越するようなところへということです。

やはり比叡山というのは、本当に特別な環境なのです。そこは学問競争、修行競争、それからいろいろと評判もある。そうはいいながらも、本当に純粋にまじめに修行している人たちはいっぱい、今もいますけれども、その当時もいっぱいいたに違いない。しかし、比叡山というのは、やはり十方衆生のための道場ではないのです。発心して、決意をして、もうあらゆるものを断ち切って、身一つで比叡山へ入って、修行に明け暮れ、学問に没頭することのできる、あるいはさせられた人たちの集団です。ですから、違和感という言い方が正しいかどうか分かりませんけれども、親鸞聖人にとっては、自分のいるべき場所は

ここではないのだ。ここでは、ここにいてはつかめそうもない。ここでは、そのシステムの中で出家修行をして、清浄なる状態へという方向性です。この方向性は上向きです。ということは、親鸞聖人はそのことについて破綻しているということです。ほかの人はどうか分かりません。親鸞聖人は、自分のことを考えた時に、この罪深い状態から違う状態になるということは、自分にはあり得ない。どこまでいっても、やはり自分は、自分のことを振り返った時、愚かとしかいいようがない。悪人としかいいようがない。凡夫としかいいようがない。

「清浄なる状態へ」という方向性が、いってみたらエリート・コース、標準的コースです。これがちゃんといかなかったら落第生、落ちこぼれ、こういうことになるわけです。堕落坊主ということになるわけです。またこの時代には、堕落坊主もいくらでもいたのです。たくさんいたのです。比叡山にいれば、僧兵と出遇うことはいくらもあったと思います。争わない、殺生しないというのが最優先原則であるお坊さんが、戦うお坊さんになっているという、全く矛盾ではないですか。しかもこの人たちが、横暴を極めていくわけです。世俗の法律や権力の及ばないところで、武器を持って戦う。これはいちばんたちが悪いのではないか。

それで親鸞聖人は、もう一回違う形で聖徳太子に会いに行かれたわけです。それが六角堂参籠ということになるわけです。恵信尼様の手紙の中にありますように、「山を出でて、六角堂に百日こもらせ給いて、後世を祈らせ給いけるに」。後世というのは、浄土往生、人生の最終目的地というように考えてもらったらいいです。

それで、六角堂に参籠されるわけです。参籠というのは、これも二つあって、字の通り行って籠もるという。ですから、九十五日間比叡山から毎日通われたという考え方と、そこにずっと籠もりっぱなしだったという考え方です。比叡山を捨てたのだったら、ずっと六角堂に籠もっていたということはあるでしょう。

ただ毎日毎晩抜け出して、つまり昼間比叡山の役割を終えて、そのあと日が暮れてから京の街へ下りて、それで一晩籠もって、また明け方前に帰るという。それでいろいろな噂が立つわけです。だいたい比叡山の堕落坊主の発想でいえば、夜な夜な街へ下りるといったら、だいたい目的は察せられるわけです。邪推するわけです。それで、これは一つ恥をかかせてやらねばならぬということで、ある夜にみんなに蕎麦を振る舞おうという話になって、蕎麦を受け取ったらちゃんといるし、受け取らなかったら、夜な夜などこか遊びに行っているということが証明されるわけだからといって、比叡山は後には三千坊といわれるわけですけれども、そのお寺全部にか、あるいは親鸞聖人がおられたそこの区域だけかもしれませんけれども、夜に蕎麦を配るわけです。そうすると、親鸞聖人がおられるはずのお寺というか、坊舎では受け取った人がいて、数はちゃんと合ったわけです。それは親鸞聖人のその参籠を妨げてはならないということで、お地蔵様が代りに受け取ってくれたのだというのが、京都に伝わっている「蕎麦喰い地蔵」の物語です。つまり、お地蔵様が親鸞聖人の格好で親鸞聖人に代わって蕎麦を食べて、それによって親鸞聖人が夜な夜な街へ女か酒かしりませんけれども、遊びに行っているのではないかという噂を払拭するのに力を貸してくれたという、これも確かめようがありませんけれども、言い伝えがあって、現に蕎麦喰い地蔵というのが比叡山にもあるし、三十三間堂の隣の法住寺にもあります。

三日参籠とか七日参籠とか十日参籠とか、参籠にもいろいろな単位があるのですが、とにかく百日参籠をされた。それで、九十四日間、徹底的にいわば沈黙の対話、自分自身と向き合い、自分は本当のところどうなりたいのか、どういうことだったらできるのか。それまでの二十九年間を徹底的に振り返られて、いろいろなことをお考えになられたに違いない。それで、九十五日目の明け方前、暁に救世観音、そこに安置されている、いわば聖徳太子は実は救世観音だったのだという、その方から夢告を受けた。夢のお告げを受けた、こういうことです。

その夢告とは、

行者宿報設女犯　　行者宿報にてたとい女犯すとも、

我成玉女身被犯　我玉女の身となりて犯せられん。

一生之間能荘厳　一生の間能く荘厳して、

臨終引導生極楽　臨終に引導して極楽に生ぜしめん。

というものです。

これも私の超訳でいうと、「我」というのは、観音様です。観音様というのは、仏様の代表というように考えてください。さっきの十九歳の時は三尊。三尊といったら、阿弥陀様と観音菩薩と勢至菩薩です。観音、勢至というのは、いわば阿弥陀様のお仕事の手伝いをしている仏様です。

「宿報」というのは、自分の選びや努力、そんなことではどうにもならないで、こうなってしまうのです。みなさん、たとえば生まれる家を選ぶことはできなかったですね。あそこの家に生まれていたら、こんな人生ではなかったはずなのにということを、いろいろ思うけれども、私たちはどこに生まれるかということを選ぶことができません。

出遇いというのは、これは思いがけず出遇うということです。計画したり、謀って出遇うということではなくて、私たちはそういうようにしか生きていくことができない。今日の天候に出遇い、さまざまな、もう一瞬一瞬、出遇い続けているわけですけれども、それは宿報なのだという。自分の努力や選び、そういうものを超えた世界です。

「設女犯」。「設」というのは、英語でいったら「イフ（ｉｆ）」だと思うかもしれませんけれども、そういう意味ではないのです。「設」というのは、「どうしてもそうなる」という意味です。どうしてもそうなってしまう。ですから「設女犯」、女犯に代表されるような戒律を守れない生活。罪を犯す生活。これは女犯だけに限定せず罪全般でしょう。後に法然上人から結婚するということに対してアドバイスを受けるわけですから、女性とのことについてが悩みのたいへん大きな部分を占めていたということはあったと思いますけれども、そういうことに限定せずに、もっと広く罪を犯すということです。

「行者」は、後に法然上人に出遇うということから考えれば、私は「念仏の行者」だと思います。南無阿弥陀仏を称うればということです。私たちが罪を犯しながら生きるということしかできない状態であったとしても、「我、玉女の身となりて犯せられん」。「我」というのは、ここでは観音様ですけれども、もうちょっといえば仏様です。仏様があなたの悪業の報いを引き受けてやるぞといわれているのです。

仏教の原則は、自業自得ですから、自分が悪いことをしたら自分が地獄へ堕ちるのです。だけれども、悪いことをするよりほかに生きる生き方がない。罪を犯しながら生きるより生きる道がない者は、その者が念仏の行者であれば、つまり阿弥陀の名を呼ぶナンマンダブツとともに生きる者であれば、あなたのこの悪業の報いは、あなたに引き受けさせないということです。あなたが悪いことをしたら地獄へ堕ちるというのが原則なのだけれども、それをはるかに上回る善業の功徳を、あなたに回し向けてやろう、こういうことです。その善業というのは、仏様が積まれた善業です。

つまり罪深い者は、愚かな者は、悪人は、もうどうにも救われようがないのだという、そういう常識に対して、そういうものの考え方に対して、そんなことないよということです。心配するなということです。

「一生の間能く荘厳して」、一生の間、つまり生きている今を意味あるものとする。尊いものとするということです。一生の間ということは、生きている間です。今です、死んでから後ではないということです。死んでから後は、次に出てきますけれども、これもその当時の仏教の常識でいえば、死んでから地獄へ行くのか極楽へ行くのかが大問題なわけです。その時に、死んでからも大事だけれども、今が大事だというのです。今あなたが生きている、今のこの一生の間、この今「能荘厳」、あなたの人生を意義あるものにします。逆からいえば、あなたの人生を空しい人生なんかに絶対させない。誰が、仏様がです。

もちろん「臨終に引導して極楽に生ぜしめん（臨終引導生極楽）」。罪深い者は、地獄しか行き場所がないわけですけれども、心配するな。引っ張って導いて極楽へ生まれさせる。誰が、仏様がです。

今までは、私が努力して、私が知恵を磨いて、私が修行して、私が自己を深く問うてという進み方でがんばっていたわけです。それが清浄な状態へという進み方ですけれども、そんなことをはるかに上回る、仏様からのはたらきがあるのだということです。

その言葉に出遇って、それはひょっとしたら親鸞聖人がすでに学ばれた中にあって、自分の意識の奥底に埋まっていたものが、夢の形で出てきたのか、顕在化してきたのかもしれません。

五、法然上人のもとへ

それで、もう迷うことなく法然上人のところへ行こうと、こういうことになるわけです。法然上人が、そのことを説いてくださっている。念仏して阿弥陀様に助けてもらうのだ。法然上人は、十方衆生、すべての人が生きていける道というものを説いておられたわけです。「心配ないよ、安心して生きていけるよ。生きていきなさい」と。

それで、法然上人のおられる吉水へ行ってみる。そこには、貴族、侍、農工商、あるいは職業といえないような、とにかくその日をどうやって生きるか。それこそ人のものを盗るとか、人殺しを請け負うとか、とにかく罪を犯す以外に自分が生きる道がないような人たち。生まれていっぺんも正式な名前で呼ばれたことがない、あだ名以外で呼ばれたことがないという人たちも含めて、さまざまな人たちが、その吉水へ法然上人の声を聞きに来ておられたということです。そこへ親鸞聖人も、いっしょに並ばれたということです。

法然上人が、おっしゃることは単純です。「ただ念仏して、弥陀にたすけられまいらすべし」、これだけのことです。「ただ念仏」といわれるけれども、我々は、私ががんばれるだけがんばって、足らぬところを仏様に助けてもらってと思うわけです。もう全面的に仏様におすがりしてというようなことは、なかなかしたくないのです。そんなことはありませんか。どこかに、やはりプライドとか、自尊心、自分はできるという意識とかがある。つまり、賢い私、できる私、強い私のところに立ちたいわけです。ほんのわずかでいいから、誰かより優越的でいたいという。そこにいるかぎり、もう全面的に南無するという、仏様に頭を下げておすがりするということになっていかないわけです。

親鸞聖人は、法然上人に出遇ってお話を聞いている中で、自分は本当に本気で仏様を信じていなかった。もう全面的に身を任すところまで、仏様を信頼していなかったということが分かった。どこまでいっても私が、知恵を磨いてがんばってということです。それは現代社会も、あの時代もいっしょです。「できたら認めてやろう」という世界ですから。できたら認めてやろうという世界は、できない者の居場所がないのです。法然上人は、できない者のところに立って、できない者の救われる世界、道というものを説かれた。

できない私、分からない私、弱い私、汚れた私、純粋になれない私、そういうところに立つ。だけどそれが、なかなか私にはできません。我々は、やはり自分中心に、自分がちょっとでもいいものであるというところに立っているために、なかなか全面降伏というか、凡夫の自覚ができないのです。

「ただ念仏」といいますが、「念」というのは、最大関心がどっちに向くかという意味です。念仏というのは、最優先課題、私の最大関心が仏様の方に向くということです。浄土とか、仏様とか、そういう方向に向くということです。もともと念というのは、インドの言葉でスムリティ（パーリ語ならサティ）といいます。あることで心がいっぱいになる、という意味です。英語でいえば、マインドフルというのが、念のいちばん元の意味です。いつも何をしていても、仏様のことがどこかに意識されているという生き方です。私たちは、時々思いついたら、思い出したら、今日は親の命日だし、ちょっとお内仏の前に座ろうかみたいな感じです。ですから、親鸞聖人は、それまで比叡山でも、この清浄な状態へ向かうという方向性のための念仏行は、いくらもしているのです。けれども、その念仏は、悪、汚濁の状態から善、清浄な状態へいくための念仏なのです。法然上人が教えておられた念仏は、このままで安心して生きていける念仏なのです。それは「念仏によって」というけれども、念仏は手段ではないのです。念仏は、生き方そのものなのです。これは念仏ということの、考え方の仏教の歴史的大転換なのです。

もちろん、この時はじめて転換したのではないのです。親鸞聖人にとっては、この時が転換です。けれども、その転換の歴史は、ずっと前からあるわけです。『正信偈』の中にもありますけれども、龍樹、天親、曇鸞、道綽、善導と、そこにずっと明らかにされてきていたのです。そして、法然上人が八万四千の法門の中で、その本願にもとづく念仏を選ばれたわけです。それを選択《せんじゃく》といいます。本願念仏というのを選ばれたわけです。親鸞聖人も、その法然上人についていこうと決められたわけです。

親鸞聖人の、その一途な姿に、法然上人は、おまえにだったらということで、『選択本願念仏集』という、ほとんど誰にも見せなかった書物を見せられました。親鸞聖人に、『選択集』を書き写すことを許すという形で、認めていかれるわけです。

ですから、念仏するよりほかに生きる生き方はないのだ。生きる道はないのだ。そうなってみたら、戒律の生活も実は本当の目的は、何のために戒律はあるかといったら、「念」のためにあるのです。「正念」といいますけれども、戒律というのは、我々のあっちにもこっちにも向いてしまう関心を、あっちにもこっちにも向かさないようにするためにあるのです。戒律の生活をしていたら、あした何を着ようかなどということは、何も考える必要ない。これが似合うか似合わないかを考えることもありませんし、うまいものだけを選びながら食べるとか、嫌いなものを避けるとか、そんなことは関係ないのです。そういう、我々の欲が出そうなものをあらかじめ防衛してくれるのです。それは何のためかというと、いちばん大事なことに集中させるためです。

法然上人が教えてくださるのは、我々はこういう凡夫であるから、念仏を称えるよりほかにできることがないということです。しかも、できることがないというのは、念仏が私の最終手段とかということではないのです。仏様の方が、我々に願ってくださっていることはそのことなのだということです。自分中心にではなく、「本気でこの阿弥陀という仏を信じよ」ということです。そういわれても、私というのを否定するとか、徹底的に謙虚になるということは、私たちにはなかなかできないことです。けれども、親鸞聖人は、念仏も含めて諸行を比叡山で徹底的にやって、やって、やり抜かれて、行き詰まって、絶望された。そして、親鸞聖人は、法然上人のところへ行って、ここだ、これだということになったのだということです。

六、地獄にいても安心して生きていける世界

親鸞聖人が、法然上人から教えてもらった世界は、ここ（地獄）にいても安心して生きていける世界なのです。地獄しか行き場所のない私が、その私が生きていける世界というのが、今の私たちは感覚的にも、理性的にも、私たちの中にあまりないのです。

やはり現実は、上昇志向、能力を上げて、成果を出してという社会です。学校もそうだし、企業の中でもそうですし、生まれた時からそういうようにしている。倫理観もそうなのです。

現代は裁判でいろいろ罪を決めて、罰を課すわけですけれども、百年ぐらい前までは、世界中で、日本ではそんなことないのかもしれないけれども、かなりの国で決闘する、一対一で闘って決着つけるというのは、犯罪でもなんでもなくて、認められていた世界なのです。武器を対等にして、二対一とか、そういう卑怯な手を使わずに決着つけるのはありだというのは、今アメリカなんかそれをまだ引きずっているようです。ですから、銃がいつまでたっても規制できないのです。

けれども、現代日本の我々は、何が善で、何が悪かということを決めてしまって、そこ

で動いていかないといけないというようになっていたりします。そうすると、善とか悪とかというのも、突き詰めて考えるようなこともないのです。決まっていることにとにかく従おうという、それが社会、公共のためになるのだということです。それは一方でそうなのですけれども、それを決めたときの願いというのは、何なのだろうかということなのです。

どこまでいっても、一つ一つ私たちが段階を踏んで上がっていかなければならないのだという感じです。悪い者が悪いままで救われるという発想に対して、そんなものを許したらだめだという感じです。それは、私が善いことをしているのは、私が善いからで、私が努力しているからだ。あんな努力もせずに好き勝手やっているやつなんか、もっとひどい目に遭ったらいいのにと、学校にいたらそういう優等生はいっぱい見ます。デキの悪い子どもたちが、先生からもっと叱られればいいのにと思っている優等生はいっぱいいます。あの子らが叱られないのだったら、私らは損だ。やりたいことも我慢して、いい子にしているのにと。

だけれども、本当にそうなのだろうかということです。我々がしていることは、縁起という関係性の中で生きているわけですから、自分がいいことをしようと思ってしているいいことなのか。何が起こるか分からない、どういう関係が動いていくか分からない中で、人を殺そうと思って生まれ、人を殺そうと思って育った人はいないわけです。みなそこへ追い込まれていくわけです。恵まれていたからです。追い込まれたら、何をしでかすか分からなかっただけなわけです。私が、銀行強盗せずにここまで来たのは、ある意味運がよかったということです。けれども、これはあまり言い過ぎると、こんどは、そんなのだったら悪いことをした方が得ではないかという世界になるわけです。

いというところまで、人間というものを突き詰めていった時に、その私はこういう戒律と学問修行の階段を上がっていって、なんとかなるかといったら、なんともなりようがないということです。

これは今日の段階でお話しすることではないかもしれませんけれども、仏様から「あなたはいかなる時も尊い」と呼びかけられているのだということが腹に入ったら、自分を穢すような、自分を貶《おとし》めるような生き方ができるかということなのです。仏様に促されて、本気で自分のことを大事に思い始めた時に、おのずと生き方が出てくると思うのです。ですから阿弥陀仏という仏様が、どんな罪悪深重の者でも救ってくださるのだから、心配せんでも悪いことをしたって別にかまわないのだということになっているとすると、それは自分の尊さとか、自分の大事さとか、自分のかけがえのなさということに、全然気が付いていないということなのです。自分で自分のことを、ものすごく貶めている。そんな生き方には、本当はなっていかないわけです。

しかし、そういう本願を誤解した生き方が、親鸞聖人の時代、法然上人の時代も続々と出てきてしまいます。それはやはり、念仏の誤解であったり、本願の誤解であったりとか、その誤解はものすごく陥りやすい誤解なのです。ですから、そんなのだったらと、すぐやはり我々は思ってしまうのだけれども、善や聖を否定しているわけではないのです。しかし、親鸞聖人は、それに絶望されたわけです。行き詰まってしまわれた。ほかの人は知らないけれども、少なくともこの私（親鸞）に関していえば、やれることは全部やったけれども、この上昇志向の階段の続きに善へはいけないと。ところが、法然上人に出遇って教えてもらったら、そういう私が生きていていい、私が安心して生きていける世界が、すでに用意されていたという。なかなか分かったような分からない世界ですね。

分からないのです。特に近代社会人の我々には。今日お勤めした『正信偈』ですが、一行目は「帰命無量寿如来」といいますね。「無量」というのは、量で考えるのはやめなさいと、こういうことです。量で考える。つまり学習量が増えた、修行量が増えたとか、預金残高が増えたとか、そういう世界ではないということです。そういう量的な発想そのものも否定されているわけです。あるいは二行目は、「南無不可思議光」という。これは知識の積み重ねとか、論理的整合性の説明の世界ではないということです。論理的整合性は、多少は要るかもしれないけれども、知的に分かるということを積み重ねていって到達するということではないのだという。そうすると、どうやったらそれが感知できるのかということにもなります。

ところが、親鸞聖人の目の前で、法然上人の教えに触れた人たちが、現に顔の表情が変わり、生き方が変わっていったわけです。それまで絶望しかない、鬱々と、悶々と生きていた人たちが、この私が生きる世界があったのだということで、現に本当に続々と目の前で生き方が変わっていく。そのような人たちの中に、親鸞聖人もまた、吉水に集う中の一人として入っていかれたわけです。

現代社会では「証拠にもとづいた（エビデンス・ベースト）何々」ということが必ず言われます。そういうことでいうと、念仏で往生するということの証拠がないのです。念仏したら救われるということの証拠を出せといわれても、ないのです。それで結局、信心ということになるわけです。だけど、信じるというのも、またこれ危ない世界です。迷信、盲信、いっぱいあるのですから。危ない世界というのは、逆にいうと、ものすごく厳しい世界です。この「信」を、きちんとした信にしていくということは、ものすごく厳しい世界です。私たちは、とにかく自分の都合のいいことしか信じたくないのです。そこのところ、特に我々が近代の知恵というか、ものの考え方を身に付けてしまっていますので、どうしても証拠に基づいてとか、理論で積み重ねていってとか、それと経験と合わせてとか、そういう話になるのです。けれども、地獄しか行き場所のない私が、生きていける世界があるのだということです。

今日のところは、よく分からないけれども、そんなこともあるのかなというぐらいで、またしばらく過ごしていただくことですね。本当にそうなのです。これは、話を言葉で聞いて、そこで分かったと言われたら困るという世界があるのです。もちろん「分かった」ということは、時々あるのです。あるのですけれども、あった途端に分からぬことが、謎がその倍ぐらい出てくるのです。ですから、もっと聞こうかという話になるわけですけれども、「分かった」というのは、ケリをつけたい終わりにしたいという時なのです。コミュニケーションを切りたい時に遣う言葉です。隣の人が話しかけてきて、めんどくさいなという時に、「分かった、分かった」というではないですか。ぼくもそうです。母親がいっぱいしゃべってきて、めんどくさいなと思ったら、「分かってる」、こういうわけです。夫婦でもそうですけれども、それはもうコミュニケーションやめにしましょうということです。

ですから、分かりたいのだけれども、分かったらおしまいみたいなところがあるのです。つまり分かったというのは、自分の持っているごくわずかな狭い、小さなところに閉じ込めてその件を終わることができたということです。自分向きに翻訳ができた時に、「分かった」という。もっともっと広い世界は、私なんかもそうですけれども、これだけの経験と知識しか持っていないものに分かろうはずがないのです。といって、ちんぷんかんぷんでも、どうしようもなくて、どこか手がかりがあるし、どうも私に関係ある話だなというようなところで、そういえば部分的に思い当たるところがあるみたいなのがありながら、自分のこの「辺」というのですけれども、それが少しずつ破れていく、そんなようなところがありますので、いっぺんによく分かりましたというところには、いったと思ったら危ないし、そうなかなかいけるものでもありません。

親鸞聖人は、二十九歳で法然上人に出遇われたけれども、おそらく九十歳で亡くなられるまで、「分からぬ、分からぬ」と聞き続けられたのだと思います。分からぬすごみというのがあるのです。分からぬのが、エネルギーになるのです。

四、親鸞聖人はどのように生きられたのか

一、ただ念仏して

前回は親鸞聖人が、十九歳と二十九歳の、それぞれの行き詰まりという時に、聖徳太子のヒントがありまして、それで比叡山を下りて、吉水の法然上人のところに会いに行かれるということでありました。

吉水の法然上人のところに行って、教えてもらったことは何かというと、これはきわめて単純に、

ただ念仏して、弥陀にたすけられまいらすべしと、（『歎異抄』聖典六二七頁）

という、ただそれだけなのです。この「ただ念仏して」ということですけれども、親鸞聖人は、それまで比叡山でずっと念仏をしておられたわけです。常行堂におられたぐらいですから、常行といったら念仏行のことですから。それが法然上人に出遇われて、念仏ということの意味が、その内容が大転換されたわけです。

ここが、法然上人や親鸞聖人の教えてくださっていることのわかりにくい、日常生活となかなかうまく重なりにくいところであります。その、「ただ念仏して」ということは、念仏以外特別なことが、何も要らないということなのです。しかも、その念仏すればどういうことになるのかというようなことは、おそらく法然上人は、一切説明なさらないのだと思うのです。

それまでの仏教の生活、仏道の世界は、簡単にいうと、「できたら認められる」という世界です。学問をここまで積んだら、修行をここまで積んだら、つまりできたらお坊さんとして認められる。出来具合でお坊さんの位が上がったり、大きなお寺の住職になる資格が得られたり、あるいは世間の評判が上がったり、こういうことになるわけです。「あの方は、あの修行をされた方だ」、こういうようなことです。

ですけれども、それであれば、限られた人のための仏教ということになります。しかもその限られた人の中でも、できた人が助かっていくという、いわば今風にいえば成果主義です。できない者、あるいは仏道に参加することさえ、加わることさえできないという、そういう人たちが、もう計算の外になってしまう。

そうではなくて、十方衆生が救われるのが、法然上人の説かれる念仏です。ところが、親鸞聖人の比叡山時代の念仏は、できたら認められるという世界の、そのできたらというのを積み重ねるための念仏だったのです。法然上人の念仏はそれとは違って、本当に念仏の原点である仏を念じるということです。

「念」というのは、常に意識の中にそのことがあるという意味です。だから念仏でしたら、如来とか仏さまとか、あるいはその仏さまが開いてくださっているお浄土とか、あるいは私たちのための仏さまの願い、ご本願、そういうご本願とか浄土とか如来というものが、何をしている時でも常に意識の中にあるということなのです。

ですから、何回称えたかとか、そういうことではないのです。ですから念仏は、修行の一つではなくて、法然上人が説かれた念仏というのは、生き方そのものなのです。念仏という、仏さまの世界を意識しながら現実と出遇っていくということです。

お寺の内陣は、お浄土を表しているわけです。お内仏もそうです。浄土の前に、自分の身を置いて、ナンマンダブツと念仏を称えるということは、浄土を見ることによって自分自身が見えてくるということなのです。

念仏の仏、これは阿弥陀仏という仏さまです。ですから念仏は、南無阿弥陀仏ということです。

それで、親鸞聖人は、法然上人のところでしばらく生活をしておられて、仏さまのことがよくよくわかってきた。仏さまのことを、よく味わってみると、私が仏さまの世界へ向かってという方向だったと思っていたのが、つまり私が念仏しなければならないから念仏すると思っていたのに、実は仏さまの方からこちら向きにメッセージが発せられ、はたらきが届いていたことに気づかれたのです。仏教的にいえば、仏さまからの光が届いていて、私はその光に触れていたのです。そういう大転換がおきたわけです。それによって、「私が」という主語で生きていたのが、「仏さまが」という主語で生きる人生に変わっていくわけです。これは本当の大転換なのです。

ただ念仏を称えたら救われるとか、極楽浄土へ行くというのは、「そんなものどこに根拠があるのか、どうしてそんなことを信じろというのか、証拠を見せろ」といわれましてもこれには証拠がないのです。念仏によって極楽往生したという証拠を見せろといわれたら、極楽から還ってきた人が証明してくれないことには証拠にならないでしょう。私は、念仏でまちがいなく極楽へ行きましたよと、いってくれればいいのですけれども。世の中には、わけのわからない臨死体験みたいなことがいっぱいあります。あるいは逆に、私は念仏を称えたけれども、あれはうそだった。地獄へ行ってしまったと、証明してくれてもいいのです。

二、親鸞聖人の決断

では親鸞聖人は、どのようにして、その念仏に自分の人生をかけようとされたのか。法然上人がおっしゃっていることを、本当に心から信じて、ついていこうと決められたのかということです。

法然上人に出遇われて、そこで感動されて、すぐに「わかりました、先生についていきます」というわけではないのです。奥さまの恵信尼様のお手紙の中には、

法然上人にあいまいらせて、又、六角堂に百日こもらせ給いて候いけるように、又、百か日、降るにも照るにも、いかなる大事にも、参りてありしに、（『恵信尼消息』聖典六一六頁）

と書かれています。親鸞聖人は、「百か日、降るにも照るにも」通われたということです。「ただ念仏して、弥陀にたすけられまいらすべし」という、このたったひと言を確かめるために、親鸞聖人は法然上人のところへ百日間通われた。この岡崎別院のところに庵があって、ここから東山の吉水まで毎日通われるわけです。これには、私なりに考えてみると、三つぐらいポイントがあるのではないか。親鸞聖人が法然上人に本当についていこうと決

心されるのに、三つぐらいポイントがあると思います。

一つ目は、親鸞聖人は、比叡山で本当によく勉強されているわけですから、法然上人が説いておられる、阿弥陀仏を中心とした本願念仏の教えというのが、真実の教えであると確信が持てるということです。親鸞聖人は、仏教のいろいろな勉強をされていましたから、法然上人が説いておられる本願念仏の教えこそが、釈尊が世に出られて仏法を説かれた中で、この十方衆生を助けるための教えであり、それこそが、釈尊が一番お説きになりたかった中心だと確信が持てたということだと思います。しかもそれは、インドから中国、さらに日本の法然上人のところまで、六人のお坊さんがそれぞれにそれを受け止められて表現された歴史があるわけです。

龍樹、天親、曇鸞、道綽、善導、そして日本の源信という方々にきちんと相続されてきた歴史を、親鸞聖人はよく勉強されています。ですから、法然上人が説いておられる本願念仏の教えは、仏教の八万四千といわれる法門の中で、一番正統性があり、真実性がある教えであるということです。法然上人がおっしゃっている、この教えの内容の真実性、正統性、これが第一ポイントです。

我々はついつい、正しいことをいっているのだから、いいではないかというところに立つわけです。それが聞こえた人に、どうなるかということが抜けることがあります。

親鸞聖人は、法然上人のお側に近いところにおられて、法然上人が説かれる、十方衆生が救われるというお念仏の教えに触れた人たちが、まさに目の前で顔の表情が変わっていくのをご覧になっていたわけです。多くの人々の、生き方が転換していった。それまで悶々と自分を責めながら、鬱々と生きていた人たちが、私が救われる世界があったと人生を変えていったのです。悪いことをして、罪の深いこの私が、安心していのちある限り生きていてもいいのだという。しかもこの私が、お浄土に救い取られるという、そんなことはもう申しわけないというぐらいの喜びの中で、その教えに出遇った人たちが、廻心といいますけれども、生き方を転換していったわけです。これはある意味で、教えの正しさが実証されたということでしょう。法然上人が説いておられることは、単純なことではありますけれども、聞く人の心に響き、感動を与え、共感をされ、そして積極的に受け止められて、聞く人の人生が変わっていった。その事実を、親鸞聖人は目の当たりにされたわけです。

法然上人の時代というのは、源平合戦と重なっている時代です。もうちょっといえば、ほとんど身分のなかった武士という人たちが、身分を作っていった時代です。身分を作っていくというのは、存在感を世の中に認めさせていくわけです。侍が存在感を認めさせるということは、どうするかというと、たくさん人を斬り殺すということです。人を斬り殺すことによって、侍というものの存在は、大事な存在だということになっていくわけです。ですから、侍のリーダーたち、しかも生まれによるリーダーではなくて、一からリーダーになっていった人たちというのは、いっぱい人を殺しているわけです。

しかも現代の戦争と違うわけですから、自分がこの手で握った刀で肉を斬り、骨を断ち、返り血を浴びるという、そういう人の殺し方です。ですから、その一つ一つの殺した瞬間というのは、死ぬまで握って生きていかなければならないわけです。この手の中に、人を斬り殺した時の感触というものが、生々しく残っているわけです。

そうすると、それはもう後味が悪いぐらいのレベルではないのです。侍ですから、昼間は強がって生きているかもしれませんけれども、夜はうなされることがあり、夢に見ることがあり、寝汗をびっしょりかいてガバッと夜中に目が覚めるというようなことがあるに違いない。そうして当然、殺されていく人の顔の表情を見ながら殺すわけです。若武者を殺すこともある。熊谷直実に一の谷の合戦で殺された平敦盛などというのは、十六、七歳です。今でいえば中学三年生くらいです。中学三年生のこれからという人を、役目柄とはいえ首を刎《は》ねなければならないわけです。しかも熊谷直実には、目の中に入れても痛くない、かわいい我が子がいたのです。それが同じ歳なのです。もう一番かわいい我が子と、同じ年齢の者の首を刎ねなければならない。泣く泣く刎ねるわけですけれども、我が子の成長を見るにつけ、あの人が生きていればこうなっていたと、いろいろなことを思います。

そんな中で、侍という自分の役目柄というものを、場合によったら呪いながら、自分で自分を責めながら、鬱々と生きていかなければならない。人を殺しているのですから、その当時は、本当に仏教のことはみんなよく知っているわけです。仏教というのは、悪いことをしたら地獄へ堕ちるぞ。いいことをした者だけが認められていって、極楽往生できるのだという世界です。ですから、人を殺した者が、死んでから後に極楽往生なんかできるはずがない。地獄以外に、行き場所があろうはずがない。そうすると、生きている間中悶々とし、鬱々とし、そして死んでから後には絶望しかない。そういう人たちが、法然上人のところに話を聞きに来ているわけです。

法然上人は、そのような人たちに向かって、

「心配ないよ。阿弥陀という仏さまは、犯した罪をごまかさずに見詰め、悔いながら、そして救いを求めている、そういうあなたのような人を真っ先に救うと約束して仏さまになられたのです。心配ありません。あなたは間違いなくお念仏で救われる方ですから、私といっしょにいのちある限り、大事ないのちを大事に生きて、お念仏しながら暮らしましょう」

こういうようにいわれるのです。このような、法然上人の言葉に出遇って、本当にひっく

り返っていくわけです。この私が、ここに生きる場が与えられた。熊谷直実は、後にお坊さんになっていきました。後から出てきますけれども、承元の法難という弾圧を受けて、首を斬られることになった安楽とか住蓮なんかも侍です。北面の武士であったりしています。

このように、一つ目は、教えの正統性、内容の真実性に確信が持てたということです。そして、二つ目がその法然上人の言葉に触れた人たちが、本当に廻心《えしん》していかれるということです。本当に感動して、喜びの生活に変わっていかれるということが、現にあるということで、教えの真実性が実証されたということです。

それから三つ目が、これは私と一番違うところですけれども、法然上人がおっしゃっておられることと、法然上人自身の生活とが寸分の違いもないということです。法然上人自身が本願を信じ、救われる身であることを、喜びながら念仏の生活をしておられる。

私なんかは、しょっちゅう、「あなたは、言っていることとやっていることが違うやないか」といわれています。けれども、法然上人の場合は、そういうところがないわけです。法然上人自身が、心から信じて喜んでおられることを、私たちにいわばおすそ分けしてくださっているということです。

それは強制するとか、そういう世界ではないのです。私がうれしいことを、私がこのご本願に出遇った喜びを、みなさんにもお伝えしているということです。

そういうように、法然上人についていこうと決意されたということには、三つのポイントがあったと思います。後に唯円という人によって書かれた『歎異抄』なんかでは、

親鸞におきては、ただ念仏して、弥陀にたすけられまいらすべしと、よきひとのおおせをかぶりて、信ずるほかに別の子細なきなり。念仏は、まことに浄土にうまるるたねにてやはんべるらん、また、地獄におつべき業にてやはんべるらん。総じてもって存知せざるなり。たとい、法然聖人にすかされまいらせて、念仏して地獄におちたりとも、さらに後悔すべからずそうろう。そのゆえは、自余の行もはげみて、仏になるべかりける身が、念仏をもうして、地獄にもおちてそうらわばこそ、すかされたてまつりて、という後悔もそうらわめ。いずれの行もおよびがたき身なれば、とても地獄は一定すみかぞかし。（聖典六二七頁）

といわれています。

本当に、念仏の教えを信じて、それによって極楽に行くのか、はたまた地獄へ行くのか、そんなことは私には分かりません。「たとい、法然聖人にすかされまいらせて」、法然上人がおっしゃっていることがうそ偽りで、法然上人にだまされて、「念仏して地獄におちたりとも、さらに後悔すべからずそうろう」。だから本当はそうではなくて、法然上人にだ

まされて、念仏したために地獄へ堕ちてしまう。そんなことがあったとしても、「さらに後悔すべからずそうろう。そのゆえは、自余の行もはげみて、仏になるべかりける身が、念仏をもうして、地獄にもおちてそうらわばこそ、すかされたてまつりて、という後悔もそうらわめ。いずれの行もおよびがたき身なれば、とても地獄は一定すみかぞかし」ということです。私の知恵と努力でなんとかなるような身ではないと、心の底から気づいた者としては、本願を信じ念仏申すよりほかの道などどこにもないということで、法然上人のおっしゃることについていく以外に道はなく、ここに私が救われる世界があったということですね。

三、「お願いします」から「お任せします」へ

宮沢賢治という人が、世界のすべての人が救われるまで、私の救いがないということをおっしゃっている有名な言葉があります。つまり、世界のすべての人が救われた、その後に私が救われるという、そういうことなのです。けれども、親鸞聖人は逆なのです。この私が救われるということが、十方衆生つまり世界のだれもが救われることになるはずである。少なくとも、世の中で一番どうしようもないこの私が救われるのだから、このぐらい

確かなことはないでしょうということです。ここが、今回この養成講座の教習が終わっても、それがよくわかりましたということにはなかなかいかないかもしれません。それは、私たちが凡夫であると認め切るということ、凡夫になり切るというか、知恵とか努力とかということから手を離すということが、本当にできないことだからです。親鸞聖人は、今『歎異抄』にありましたように、私が自分の知恵と努力で多少なりとも救われるということに近づくことができるような身であるならば、そういうだまされたとかなんとかといえるようなこともあるかもしれないけれども、自分は本当に全面降伏でもないですけれども、本当に何もできるものではない。そういう自分が、仏の救いということに近づくには、あまりにも罪が深く、煩悩が多く、本当のことがわかっていない。だからもう、仏さまに頼るしかない、すがるしかないのだということです。けれども、我々はなかなかそうはいかなくて、「がんばれるだけがんばりますから、あともうちょっと足らなかったら、仏さん、お願いします」、こういう感じになるのです。

だいたい、人間のがんばり方というのは、四段階ぐらいあります。私は田舎に住んでいるのですけれども、高齢者比率六十パーセントを超えているようなところにいますから、老病死、老病死、老病死のど真ん中にいます。お年寄りは、だんだん機能が衰えていきます。それでも、元気な人たちは、みんな私は何ができると元気自慢です。できたら認められるということしかないのですから。自分はまだこれができる、あれができるという。あの人よりはましだ、というのが自慢なのです。ですから、「がんばります」という世界なのです。がんばりますという世界なのですけれども、しばらくすると、自分のがんばりだけではだんだんおぼつかなくなってきます。

そうすると次は、「お願いします」という段階に来るわけです。手伝って下さいねという段階です。これがさらに、またたんだんできることが少なくなってくると、私は自分で自分の食事を用意することも食べることもできません。自分でお風呂へ入ることもできなくなりましたとなると、どうなるかといったら、「お任せします」という世界になるのです。しかし実際、口ではお任せしますといっていますけれども、本当にお任せできるかというと、これはなかなかできたものではないですね。お任せしますといいながら、助けてくれている人のあれが足らぬ、これが足らぬと不平をいう。もうちょっと心配りしてほしいと、そんなことばかりいろいろ思うわけです。それが我々の姿だと思います。しかし、それももうできなくなった。身一つがまったく動かなくなった時にどうなるかというと、今度はお任せもお願いもがんばりもないのです。ただ「ありがとう」というしかない世界になるのです。

がんばりますも、お願いしますも、お任せしますも、やはり主語は「私が」なのです。

その「私が」が、もう全然通用しなくなった時には、私がいろいろな人に助けてもらって、支えてもらって、包んでもらって、応援してもらって、なんとか生きていることができていますという世界になるわけです。そうなった時には、もうこれは「ありがとうございます」というしかない。ところが、なかなかそこまでいかないということがあるのです。やはりどこかで、「できる私」というものを、自分の中に持っていないと安心できないということがあるからです。できないというところに、なかなか立つことができない。そういう点で、本願念仏の教えというのは、わかったようなわからないような、という部分があると思います。

四、雑行を棄てて本願に帰す

親鸞聖人は、法然上人との出遇いを通して、法然上人に出遇ったと同時に、この本願というものに出遇うのです。その時の喜びを、

建仁辛の酉の暦、雑行を棄てて本願に帰す。（「後序」聖典三九九頁）

といわれています。これは、二十九歳の時に「雑行を棄てて本願に帰す」と、その時におっしゃったということではありません。後になって、あの時がその分岐点だったというこ

とです。こういう宣言が、『教行信証』に出てきます。

雑行というのは、「私が知恵と努力で」というのを、雑行といいます。それはそれでとても大事というか、「雑行を棄てて」というと、何か非常に意思を持って雑行を棄てたという感じに聞こえると思います。書き方がそうですから、これはそういうように聞こえると思います。けれども、実は違うのです。本願に出遇ってみたら、今まで私がやっていたことのすべては雑行であったということに気が付いたということです。

ところが、私たちは、「雑行を棄てて本願に帰す」と親鸞聖人がおっしゃったというのを聞くと、「さあ、それならどうやって雑行を棄てるか」という、こういうまたがんばりの世界になってしまうのです。そうするとまた、その主語は「私が」になる。私が、知恵と努力で雑行を棄てなければいけないとなる。これは雑行だから、これもやめなくては、これもやめなくてはと、こういうことになるわけです。その、あんたが今やっている、それが雑行というのですよ、こういうことで、大変ややこしい話になるのです。

親鸞聖人が「雑行を棄てて本願に帰す」といわれたのは、雑行を否定するということではないのです。それは、雑行によっては、一番根本的な、自分がどんな境遇になっても安心して生きていけるということにならないということです。つまり何に出遇っても逃げずに、顔をそむけずに、引き受けていけるような人生というのは、雑行からは開かれてこない。一番根本的なことは、仏さまから認められている。仏さまから、もうすでに私の救いは約束されている。その大きな安心感が、最も大切であるということです。

本願を信じるとか信心とかいいますけれども、これがまたなかなかわかりにくいのです。信じるといったら、私が信じるということですが、それは違うというのです。法然上人のお弟子になられてから後に、法然上人のお弟子がたくさんいらっしゃるところで、親鸞聖人がそのお弟子さん方に向かって、「私の信心も先生の法然上人の御信心も同じだ、一つだ」と、こういうことを言い出されたわけです。そうすると、親鸞聖人はまだ下っ端ですから、法然上人門下の中で、そんな下っ端の者が、こともあろうにその下っ端の弟子の信心と大先生の法然上人の信心と中身はいっしょであると、こういうようなことをいうわけですから、それは周りの者からすれば、なんと不埒なやつよ、こういうことになったわけです。許されたものではない。あの法然上人と、なんでお前みたいな者が一つであろう、こういうことになるわけです。

親鸞聖人は、「いや、そんなことはない。法然上人の御信心も如来さまから賜った信心であり、私の信心も如来さまから賜った信心であるから、同一なのだ」と、そういわれても、みんなはなかなか納得しない。それでは法然上人ご自身に聞いてこようということで、聞きに行ってみると、法然上人が同じことをおっしゃるわけです。

その当時、親鸞聖人は善信という名前でした。まだこの段階では、親鸞という名前ではないのです。親鸞という人は、出家した時の名前が範宴といいます。比叡山時代から範宴。法然上人のお弟子になられて、綽空というように名告られる。後に善信と名告られる。最終的には、親鸞、愚禿釋親鸞と名告られるわけです。

そのころから、弾圧が加わり始めるわけです。あちこちから、念仏を称える連中はけしからぬという声が上がってくるわけです。ここが現代でも、あの時代でも、他力本願や念仏の誤解されるところです。ただ念仏するだけでいいのだ、念仏したら救いが約束されているのだ。こういうことになりますと、それだったら好きなことをした方が得ではないか。悪いことだろうがなんだろうが、どっちにしたって救われるのだったら、好きなことをした方が得ではないかという人が出てくる。やったらいいのだ、心配しなくても、念仏さえすればどんな者でも救われると教えてもらったのだから、という輩が出てくるわけです。

それから、本当に今まで鬱々としていた人が、世界が晴れて、晴れやかになって、顔を上げて生きていこうかという人たちが、これこそが正しい宗教だ、今までの仏教は間違いだといい始める。そして、ほかの宗派や仏教を非難したり、否定したりする人たちが出てくるわけです。

そうすると、「念仏者はけしからぬ。なんとかせよ」ということになるわけです。奈良の興福寺や比叡山から、いろいろと非難が出てきます。これが一二〇四年ごろです。その時に法然上人は、「七箇条の制誡」という、こういうことを約束しますという書状を出されたわけです。そこに有力な弟子たちが、みな名前を署名しているわけです。その署名の中に、「綽空」という名前が、親鸞聖人の直筆で出てきます。これは、その文献そのものが残っています。ですから、親鸞聖人は法然上人のところに行かれて、そのころは綽空と名告っておられるということです。

法然上人のところに行かれた後、親鸞聖人の名前は、全部七高僧からいただかれています。綽空の綽は、道綽から取られています。それから、綽空の空は、法然上人の法名である釋源空から取られています。ですから綽空というのは、道綽という中国のお坊さんと、すぐの先生である源空という、法然上人の法名から一文字ずついただかれた名前です。善信の善は、善導から取られています。善導は中国のお坊さんです。法然上人は、この善導という人の書物に出遇って、ここに十方衆生が救われる道があったと気が付かれたのです。その善導の善です。

善信の信は、源信から取られています。源信は、『往生要集』を書かれた人です。

親鸞の親は、天親から取られています。インドの天親菩薩。それから鸞は、曇鸞から取られています。このように、親鸞聖人のお名前は、七高僧から取られた名前なのです。そういうようなことも知っておいてください。親鸞聖人が、いかに七高僧を大事に思っておられたかということは、お名前にも反映されているということです。

五、私が心の一番奥底で願っている生き方は何か

私たちは、日常的には私が願ったことがかなえられたらいいなと思いながら生きているわけです。それがいわば本音です。私の思ったとおりに進んでいけばいい。私の計画どおりに進んでいけばいい。私の欲しいものが思ったとおりに手に入ったらいい。私が嫌なことはしたくない。こういうのが本音です。私たちは、ずっとその本音を満たそうとしながら生きてきているわけです。ところが、私たちが今求めているものや望んでいることは、本当に私の中から出てきたものかということです。あれを食べたい、これを食べたいとか、あの服を買いたいとか、こういうものを持ちたいとか、こんな家に住みたいとか、いろいろあります。

そういう望みというものは、私が欲しいとは思っているけれども、その欲しいと思っている私はどうやってできたかというと、実は外からの情報で誘導されているのです。カタログや実物を見て、欲しくなるわけです。あるいは、テレビのコマーシャルを見ていて、

あれが欲しい。今流行はこうらしいから、私も乗り遅れないようにと、こういう感じです。私たちが自分が望んでいると思っていること、自分が求めていると思っていることのかなりは、外からの情報によってあるのであって、私の中から出てきたものとはいえないわけです。ですから、いつも「お金、お金」といっていますが、いいも悪いもなく、今本当にお金は必要なわけですけれども、だけどこれだってかなりそう思い込まされているような部分があるのではないでしょうか。

一九八五年より後に生まれた若い世代は、バブルが終わったころに学校に行く人たちです。バブルが崩壊してから学校へ入り、いわゆるゆとり教育を受けた人たちですが、この人たちがよく新聞なんかでは「さとり世代」と、こういわれます。その「さとり世代」というのは、高望みしない世代です。要求を低く設定することによって満足度を上げていこう、こういうことです。そんな大儲けなんかしなくていいのです。そこそこの収入があって、適当に働くことができて、できれば結婚して、自分の好きなことがある程度できたら、それでもう十分ですという世代が、「さとり世代」です。

私も、校長をしている時に生徒たちを見ていて、結構そんな感じがしていました。それはどういうことかというと、子どもたちの親世代、あるいは、おじいちゃん、おばあちゃん世代が、本当にお金のためにいろいろなものを犠牲にしながら生きてきているわけです。

それで日常生活の中でもお金が最優先ということが、子どもや孫たちの目の前で言葉や仕草の中にいっぱい出てくるわけです。そしてそのお金を、そこそこは手に入れたわけです。手に入れて、いい生活をしているにもかかわらず、子どもから見ると、親世代やおじいちゃん、おばあちゃん世代が、幸せそうに生きているように見えない。それほどお金、お金といっていて、そのお金がある程度手に入っているにもかかわらず、心の底からの喜びや感謝というようなことのない生き方を、子どもたちはすごく白けて見ているわけです。

そうした時に、親が思っているほど今の子どもたちは、お金に対する執着は強くないのです。それは生まれた時から、苦労していないというのもあるのでしょうね。お金が、どれほどの苦労の後に手に入るものかということを全然知らない。お金なんて、あって当たり前のところで生まれていまして、みなさんからすれば贅沢なことをいっているように思うかもしれません。しかし、どこかで私たちの世代の歪みというものを、見抜いているような部分があるのではないかなということも、ちょっと感じたりします。

では、私が心の本音のもっと奥底で願っていることは、何なのだろうかということです。あとから入ってきた情報で作られた、私の求めていることやなりたいものを全部そぎ落としていった時に、私が心の一番奥底で願っている生き方は何なのだろうかということです。それは、出遇うまでわからないのです。出遇って、はじめて、「あ、これだったのだ。私が求めていたのは」ということなのです。人間でもそうです。「あ、私はこの人と出遇いたかった。私はこの人の言葉に出遇って、今日までの人生の意味があった」みたいな感じがあるわけです。それはなかなか、出遇うまでわからないというところがあります。念仏したらどうなるのだ。聞法したらどうなるのだ。勉強したらどうなるのだといわれたら、私としては、「いずれ分かる」としかいいようがないのです。

つまり今わかるというのは、とても小さく狭いところに閉じ込めてしまうことになるのです。狭いところでわかったことにしかならないわけですから、ここらへんが厄介なわけです。法然上人のところに集まってこられた方々が、法然上人の言葉に接して、出遇ってはじめて、「これだったのだ。私が一生涯探し求めていたのはこの世界だ」ということ、親鸞聖人もそうだと思います。

二十年間、比叡山の中でどれほどもがいても、比叡山にいたら、比叡山のものの考え方、比叡山の方向性や価値観、比叡山のシステムというものが、自動的に入ってしまうわけです。つまり、最終モデルとゴールを設定して、そこへ向かって進んでいくということです。あんなお坊さんにならなければいけない。そのためには学問を積まないといけない、修行を積まないといけない。品行方正でなければならない、節制しなければならないということです。

法然上人がおっしゃってくださる、この本願の世界というのは、ありのままのあなたがそのままに救われる、こういうことです。これは、実はものすごく厳しいことなのです。モデルが示されて、あんなふうになりなさいというのは、割と分かりやすいのです。あんなふうになればいいのだなと思って、自分と比べながら、反省しながら進んでいく。それは割とやりやすい。「ありのままのあなた」といわれたら、ありのままの私とは何なのだろうかと思わずにはいられません。そういうところで、浄土とか如来とか本願の話を聞きながら、ありのままの私というのはどうなのだろうというようなものの見方が始まってくる。そして、そこで見えてくる私というのは、それまでの、ちょっとはましかもしれないという私とは、全く違った姿ということはあります。

六、念仏の同朋の一人となる

法然上人は、「ただ念仏して」ということで、その前や後はおっしゃらないわけです。親鸞聖人が説かれた主著は『教行信証』です。教があって行があって信があって証という順番です。この行は念仏です。信じてから、わかって、よく理解して、教えをよく理解して、信じてから念仏を称えるべきであると、我々は思うわけです。ところが、法然上人の説かれた念仏というのは、そうではないのです。ただ念仏しなさいということだけです。念仏生活をしている間に信が生まれてくるということなのです。分かるとか、合理的説明とかという世界では、そこのところがなかなか腑に落ちないところです。信じていないのに念仏を称えるのは、それはただの呪文ではないのか。ただの記号ではないのか。私も、高校生の頃はそう思っていました。信じてなければ「南無阿弥陀仏」と「アイウエオ」とどこが違うのかと、ある先生にくってかかったこともあります。相手にしてもらえませんでした。けれども、相手にしてもらえなかったのは、今から考えたら、いずれ分かる世界だったのだなと思います。私は、高倉会館の高倉仏教青年会のメンバーでして、新田秀雄先生が館長でした。仏教青年会が毎月あったのですけれども、毎回新田先生や先輩方とそんな話をしていました。やはり「分かったら念仏を称えてもいいけれども」というのが私たちです。そうすると、いつまでたっても念仏のところへいかないのです。そうではないのです。「ただ念仏、とにかく念仏しなさい」、こういうことです。

ただし、念仏は、何かを手に入れるための手段ではないのです。念仏は、生活そのものなのだということです。つまり、常に如来さまとか浄土とか本願とか、そういうものを意識にもちながら生活していく。そうすると、たとえば亡くなった人のご法事を勤める時に、お坊さんが来て、お勤めしてくれます。その時に、亡き人が今はお浄土にいてくださるのだな。そして仏さまの仲間入りをされて、今私の方を見てくれているのだなと思いながら、お坊さんのお勤めに接すると、あるいは自分も『正信偈』をいっしょに読むと、読んでいる文字が、亡き人からの呼びかけのような、浄土から亡き人が呼びかけてくださっているような感じがある。たとえば、「真実明に帰命せよ」(『浄土和讃』聖典四七九頁)という、そういうご和讃の言葉などの中に、ふっと、「あ、そうだな」と、何か感じることができるようなことがあるわけです。

そういう点では、蓮如上人が真宗門徒の生活のあり方というものを、きちんと形として作ってくださったということは、とてもすばらしい、大事なことなのです。ご本尊を礼拝するということ、何もないところでナンマンダブツといっても、なかなか頼りないですから、名号を掛けるとか、あるいは仏像、姿にしたものに礼拝する。それでもいい。そしてその前で、親鸞聖人のお書きになった『正信偈』をお勤めしましょう。つまり、そのお言葉に触れましょう。すぐその場で分かるとかわからぬとかは超えて、その言葉に触れているだけで、いろいろなことが、私たちは一方で生活していますから、辛いこともあり、想定外のこともあり、裏切られることもあり、いろいろなことがある中で、そういうことが意識されながら、『正信偈』や『ご和讃』『お文』など、いろいろな言葉に出遇うという時に、何かの拍子に、「あ、このことだったのだな」とか、「いいたいのは、こういうことなのかな」とか、そういうことに触れるということがあるわけです。

そうすると、どこかで私が、自分の知恵と努力でと思っていたけれども、このまず「私が」というのも支えられているのだし、知恵というのも、私の単独の知恵でどうなるものでもなくて、あるいはこの私が私の知恵と思っている、そういう全部を含めて、いただきものなわけでしょう。生まれてから当分の間に、私は自分の中の知恵をいい知恵にするぞと思ってがんばったら、いい知恵になるというようなものではないわけです。いただきものですから。それがまた、いろいろな御縁に触れて、知恵が磨かれていくということがあるわけですね。

その知恵を否定するものでも、努力を否定するものでもありません。ありませんが、そのありなしが根本的なことになっていくものではないということです。

それで、法然上人と親鸞聖人と信心はどちらも如来さまから賜った信心だから、同じなのだ、一つなのだ、等しいのだというようなことになるわけです。親鸞聖人は、法然上人をもちろん尊敬、信頼していかれるわけです。そして、法然上人も親鸞聖人を信頼し、同じ念仏者として大切な人と見ていかれるようになっていく。その一つのあかしとして、親鸞聖人が三十三歳の時に、『選択集《せんじゃく》』の書写を許されているのです。

『選択本願念仏集』というのは、法然上人が九条兼実に頼まれて書かれた書物ですけれども、お念仏というのは、とても誤解されやすいわけです。ですから、これを読んだら、ちゃんと言いたいことわかってくれるという、本当にごく限られた人にしか、『選択本願念仏集』を読むことさえ許されなかったわけです。

親鸞聖人が、法然上人に出遇われたのが二十九歳の時です。それで、四年後の三十三歳にそれを書写することが許されるわけです。『選択集』を書写し、そして法然上人の肖像画を描くことを許される。そして描いたものに法然上人が言葉を書いてくださる、こういうことがあるわけです。つまり親鸞聖人からすれば、法然上人から同じ念仏の同朋として認められたと、こういう世界になるわけです。

七、承元の法難

親鸞聖人が、法然上人から『選択本願念仏集』を書写することを許されたということが一方でありながら、その年に「興福寺奏状」というものが出るわけです。比叡山と興福寺というのが、その当時の仏教の二大巨頭です。権力を持っている。どちらにもたくさんの僧兵がいて、世俗の力もあり、荘園をたくさん抱えていますから経済的にも強い。そこから、この法然の集まりには、九箇条の過失がある。だからなんとかしろというのが、天皇に向かって出されるわけです。たとえば「阿弥陀仏以外を軽んじている。けしからん」というような奏上が出る。そしてついに、その二年後、一二〇七年に、一つのきっかけがあって、法然上人たちは大弾圧を受けるわけです。

法然上人のお弟子の中に、住蓮という人と安楽という人がいて、この二人が、今で言えばイケメンで、それでとても声がいいのです。声がよくて、お経がうまい。今でも坊さんの世界では、「一声二節（イチコエニフシ）」というわけです。声のいい坊さんが評判が良くなる。一声二節三男とかいうわけですけれども、その一声二節三男の、全部三拍子抜群のお坊さんだったのです。そういう人が、法然上人の片腕みたいな人の中にいたわけです。この人たちが、朗々と『六時礼讃』とか念仏を称える仏事を営む。今で言えば武道館コンサートだったら満席になるという、そういう世界です。つまり、念仏がどうのとかなんとかではなしに、とにかくあの声を聞きたい。あのお経が読まれるあの法会に参加したいということで、いわばファンもたくさんいたようです。住蓮と安楽の二人は、黒谷に庵があって、そこにおられるわけです。そこで『六時礼讃』といって、一日に六回、二十四時間に六回の法要を勤めるわけです。しかもその時は、法然上人が直々にご法話に来られる。そして『往生礼讃』は、その三拍子そろったお二人が朗々と称えてくださるということで、京の町の人たちは、あの日はそこへ行ってご縁に会わねばといって集まってくるわけです。

その当時の最高権力者は、後鳥羽上皇です。後鳥羽上皇の側仕えの女房で、鈴虫と松虫という若い二人の女性がいるわけです。後鳥羽上皇の一番お気に入りの女性二人。この二人がある時京の町へ出て、さあ、用事が終わったから、御所へ帰りましょうかといって、帰ろうとする時に、みんなぞろぞろと反対方向へ向いて行くわけです。これは何ごとだと思って聞いたら、「あなた、知らないの。今日は住蓮、安楽さまの法会が勤まるのよ」、こういうことです。「法然上人さまがご法話に来てくださるのよ」。「これは聞かなくては」、「それならちょっと行ってみるか」となったわけです。それでそこで感動した。法然上人のお話にも感動し、また声にほれたかどうか知りませんけれども、その法要の厳粛で荘厳で、そういう雰囲気にも感動した。それで、御所へ帰った二人が、それがもう忘れられなくなる。「よかったね。もう一回行きたいね」みたいな話になるわけです。

ある時、後鳥羽上皇が和歌山県の熊野へ行幸される。熊野神社へ行かれる。留守になる。これはチャンスではないか。「こっそりあの二人のお寺へ行きましょうよ。私、あの二人のお坊さんの下で出家して、尼さんになりたいわ」みたいな話になるわけです。十二月なのですけれども、寒い時です。御所には塀があるので、塀をまず乗り超えないといけない。あの松の木に登ったら乗り超えられるか。あの木だったら行けるとか、そんなことばかり考えながら歩いている。そして時は今ということになって、超えたらまた堀があるのです。

堀をやっとのことで超えて、それで夜中に住蓮、安楽のいるお寺へ行くわけです。寝ているわけですが、それをドンドンと戸をたたいて、開けさせる。それで「私たちをお弟子にしてください。今ここで頭を剃髪してください」、こういうのです。「いや、そんなわけにいかぬ。帰りなさい」。こういうけど、今さら帰ることもできません。「やむを得ぬ。それでは式をしようか」、こういうことになって、得度、剃髪式をする。「ここにいるわけにはいかないから、あんたたちはどこかに行きなさい」みたいなことになるのです。

後鳥羽上皇が熊野から帰ってみると、一番自分のかわいがっていた女房二人が、行方不明で大騒動です。どんなことがあっても探せ。そうこうしている間に、京の町でだれか見たか知りませんけれども、うわさが流れて、あの二人は住蓮、安楽のところへ夜に訪れた。泊まりに行ったということになっていくわけです。

後鳥羽上皇はどちらかというと、それまでは、興福寺や延暦寺に対して、「まあまあ、そういうな。あれはあれで、仏教広まれということでやっているのだから」という側にいたのに、そういうことがあったものですから、それで激怒して、かわいさ余って憎さ百倍ではないけれども、許さないということになって、それで呼び出せ、首を斬れという話になるわけです。それで、四人が首を斬られます。そして、法然上人をはじめとして、八人が流罪ということになるわけです。

こういう大事件が起こります。それが承元元年、親鸞聖人が三十五歳の時です。法然上人は、四国へ流され、親鸞聖人は越後の国、今の新潟県上越市になりますけれども、国府というところへ流罪になるわけです。

お坊さんは出世間ですから、そのままでは罰することができないのです。お坊さんには世間の法律は適用できません。明治維新の時にも、勤皇の志士たちが、虚無僧の形をしていますね。あれはお坊さんですから、お坊さんは関所は通れるわけです。世の中の法律の適用外です。ですから、お坊さんのままでは罰することができない。そこで、名字を与えて、還俗《げんぞく》といいますが一般人に戻して罰を与える、こういうことになります。

親鸞聖人には、藤井善信《ふじいよしざね》という名前が与えられるのです。法然上人は、藤井元彦《ふじいもとひこ》という名前が与えられます。親鸞聖人は、そういう名前で、罪人として流されるのですけれども、国家からお坊さんを無理やり辞めさせられたわけですから、自分から「非僧非俗」という生き方を選ばれた。「後序」には、

あるいは僧儀を改めて姓名を賜うて、遠流に処す。予はその一つなり。しかればすでに僧にあらず俗にあらず。このゆえに「禿」の字をもって姓とす。（聖典三九八〜三九九頁）

と書かれています。

自分は僧にあらず俗にあらず、だから禿の字をもって姓とする。つまり、私は愚かな禿、禿というのは非僧非俗という意味です。これはハゲという意味ではないのです。

時々芸能人なんかが書いた親鸞の本なんかで、「親鸞て私は大好き。自ら自分のことを愚かなハゲと名告っている、あの居直りが大好き」とか書いている芸能人がいますけれども、そういう意味ではないのです。禿というのは「カムロ」ということで、まだ中途半端にしか髪が生えそろっていない子どもの頭のことを、この字で表します。つまり髪の毛がちゃんと全部ある状態が在家、俗です。髪の毛を剃髪して、何もない状態が僧です。そのどっちにも属さないという意味で、この字が遣われます。単純にハゲという意味ではないです。つまりこれは僧でもない、俗でもないという意味です。

また、『歎異抄』の最後の「流罪記録」には、

流罪以後、愚禿親鸞と書かしめ給う也。

（流罪以後愚禿親鸞令書給也。）（聖典六四二頁）

と記されています。この愚禿の愚というのも、これは知能が低いという意味ではありません。自覚がないという意味です。自らの姿に気づくことがないということです。あるいは、性格が悪いとか、根性が悪いとかという意味もあります。この愚というのは、つまり清らかな生き方ができない者ということです。これはお坊さんを否定し、在家生活を否定して

いるという意味ではありません。お坊さんのこともよく承知し、お坊さんでない普通の生活をしている。その両方を承知したうえで、自分はどう生きるかという選択をしているということです。仏教の言葉でいえば、中道《ちゅうどう》といってもいいと思います。

『浄土和讃』に、

　解脱の光輪きわもなし　　光触かぶるものはみな
　有無をはなるとのべたまう　　平等覚に帰命せよ（聖典四七九頁）

とあります。「有無」というのは、あるとないということで、それぞれ両極端なのです。ですから、「有無をはなる」というのは、両極端を離れるということです。

これはとても大事なことです。また考えてほしいのですけれども、憲法について、護憲か改憲か。原発の推進と反対。死刑の存続と廃止。それぞれ、我々には二つ提示されて、どっちを取るのかと求められます。そうではないのです。その両方の言い分をちゃんと聞いた上で、どうするか、どう考えるかということが、とても大事なことなのです。ですから、僧ではないし、俗でもないということは、僧でもあり、俗でもあるということでもあるわけです。つまり、本当にこの俗生活というのは、勝ったか負けたか、得したか損したかという世界です。どちらが多いか少ないかという、価値観だけで生きるということには戻らないわけです。つまり、生活の中に生活を超えたもの、大事ということを常に持っているということです。

そういうことで、親鸞聖人は自分の名前を「愚禿釋親鸞」と名告られます。釋というのは、釋子です。釋子というのは、釈尊の弟子という意味です。仏弟子という意味です。

その釋親鸞の釋ですが、みなさんが今度いただかれる法名も、みんな「釋何々」です。つまり、仏弟子になったということです。仏弟子になったら、今持っている名字が取れる。つまり、名字がある生活というのは、うちの家だけよかったらいいというところに、どうしても行ってしまうわけです。私と私の家族中心のものの考え方です。どうしたってそうなります。

そうではなくて、釋というのが付くということは、大げさにいえば、全人類のために働く人になるということです。そこまで大げさな話ではないですけれども。

そのようなことがありまして、親鸞聖人は、今度は流罪者として、罪人としての生活をされることになったわけです。勿論、その生活は、そんな生易しい生活ではありません。「延喜式」という、その当時の流罪者の生活を規定した法律がありますけれども、一日に米と塩だけわずかずつもらえます。その流罪があった次の春に、種籾が与えられます。それまでに土地を開墾して、畑を用意して、春になったら種籾が与えられ、秋の収穫の段階から一切の給付が止まってしまいます。つまり、そこからは自給自足しなさい、こういうことになるわけです。そういうような生活に入っていかれる。

それはそれで、今度は都から離れたところで、法然上人からいただかれた、その本願念仏の教えというのが、どこにいても、どんな時代のだれに対しても間違いのないものであるかということの確かめが、それ以降なされていくということになるわけです。

五、念仏生活者としての生涯

一、愚禿釋親鸞の名告

親鸞聖人は、一二〇七年（承元元年）に起きた「承元の法難」で、罪人として越後へと流罪に遭われたわけです。そういうことが行われたことに対して、親鸞聖人は非常に強い言い方で、それがいかに不当で間違ったことであるかという非難を、後に書いておられます。しかし同時に、こういう御縁がなければ、越後の人々と念仏の話をするということはできないわけでありますから、そういうチャンスが与えられたという受け止めもされています。

しかしその段階で、国が認めたお坊さんではなくなるわけです。それを「非僧非俗」といわれ、違う言い方では「愚禿釋親鸞」といわれています。この「禿」というのが、非僧非俗ということです。僧と俗とそのどちらでもないということは、単に両方を否定しているということではないわけです。僧の世界、出家の世界を、長年にわたって十分に親鸞聖人は経験しておられるわけです。そして俗の世界もよくお分かりになられた上で、どちらかだけという生き方ではない生き方に立たれたということです。

皆さん方が帰敬式を受けて、宣誓をし、誓いを立てて生きる人になるということは、一つの言い方としては非僧非俗なのです。つまり、俗生活の中で生きるのだけれども、俗に漬かり切らない。相田みつをさんの言葉でいえば、

損か得かは、人間のものさし
うそか本当かが、仏さまのものさし

ということです。私的には、二行目はあまり賛成ではありません。つまり私なりには、ものさしを持たないのが仏さまの世界だと思っています。ですけれども、我々が損か得かというものさしで生きているということについては、間違いないことです。その中で、それに振り回されるだけの人生ではなくて、私たちがものを考える時に、どこかに仏さまとか、あるいは浄土とか、あるいは仏さまの本願とか、そういうものが意識されながら、生活の中でさまざまなものに出遇っていくということです。そういうものがない状態で、我々がものに出遇うと、本当に損か得か、不都合か好都合かという以外にないのです。

極楽、地獄の話でもそうなのですけれども、極楽浄土というものも、我々は損か得かで見てしまうわけです。そうすると願いがかなったら得なわけですから、極楽は私の願いが

かなう場所なのかな、こういうように思うわけです。そして、その私の願いというものは、実際は私の好都合は他人の不都合ですので、だれもが幸せになるようなことを我々は実は願っていませんね。

そういうように、非僧非俗ということは、俗の価値観と僧の価値観、浄土の価値観と娑婆の価値観、あるいは浄土のものの見方と娑婆のものの見方とを重ね合わせて生きていくということになるわけです。

つまり親鸞聖人は、ここからあと、いわば念仏生活者として生きていかれることになるわけです。一二〇七年に越後に流されて、そこで念仏生活者としての生活が始まっていくということになります。

この愚禿の「愚」は、知能が低いという意味ではなくて、気づいていないということです。気づかないということです。自覚がないということです。我々が、どんな愚かしい生き方をしているのか、どんな滑稽な生き方をしているのか。いろいろなことに、ただ振り回されて生きているということに、一向に気が付かないという意味で「愚」なのです。あるいは、仏さまが、如来さまが私のために本願を建ててくださり、私にはたらきかけてくださっているということに、一向に気が付かない。それが「愚」ということです。

それで、念仏生活者としての生活が始まっていくわけです。ここのところは、我々にとっても、とても大事なことです。我々は聞法、聞法といいますけれども、聞法は、狭い意味の聞法と、広い意味の聞法と二つあると思います。狭義の聞法と広義の聞法があるのです。

狭義の聞法というのは、今こういう状態での聞法が、狭義の聞法です。きちんと相応の環境の中で、身を正して学ぶということです。ですから、いろいろな聞法の機会、聞法の場におもむいて、行って学ぶということです。足を運んで学ぶということです。必ずしも学ばなくてもいいのです。とにかく足を運ぶということが大事なのです。

こんどの同朋会館でもそうなのです。べつに同朋会館でしなくても、岡崎別院で二泊三日してもいいではないかと思うかもしれませんけれども、違うのです。場の力というのがあるのです。場というものが持っている、力というか、歴史的慣性というか、「あ、ここで本当にたくさんの方々がずっと本願寺を大事に守り、またここで教えを聞き、またお念仏をされてきた場所だな」と、こういうことです。それはたとえば、インドへ行って釈尊が歩かれたところへ現に行ってみたら、たとえば王舎城の近くに霊鷲山というところがありますけれども、岩山です。これは私の個人的感想ですけれども、この岩は釈尊の声を聞いた岩なのだなと思いました。それは物質的にはただの岩ですけれども、この岩は釈尊の声を、本当の声、生の声を聞いた岩なのかなと思うと、何か本当に岩に耳をくっつけて、その岩が聞いた声を私も聞いてみたいと思いました。釈尊が何語でしゃべられたか分かりませんけれど、そのようなものがあって、そういうその場で我々が脳味噌だけではないところで得るものというのは、やはりいろいろあると思います。そういう点では、そこへ行くことが大事なことです。

二、非僧非俗の念仏生活者

親鸞聖人が流罪に遭われて、生活をされたのは、現在の地名でいえば新潟県上越市ということになります。そのあたりの海岸に立って、海を眺めてみる。あるいは海からの風に当たってみると、そのことで感じること、感動することがやはりありますね。

そういう点では、関東の小島《おじま》の草庵とか、稲田とか、そういう親鸞聖人がいらっしゃったという場所。また、ここで後ろを振り返られたという「見返り橋」とか、ここに腰掛けられたという石とか、お手植えのなんとかとか、それに触れることが、間接的かもしれないけれども、親鸞聖人に触れるような、何かそういうものがあります。

とにかく、聞法といったら、基本的にはこういうことだと思っておられると思います。聞法会場、聞法の場へ行って、そこに身を置いて、そこで本気で仏法に出遇いたいと聞く、こういうことです。これが狭義の聞法です。

そうすると、どういうことが起こるかということです。親鸞聖人でいえば、法然上人が教えを説いておられる吉水というところで、たくさんの方々と、ともどもに法然上人の教えを聞かれる。

師から学ぶということ、師から教わると、どういうことになるかというと、一種、目が開けるということがあるのです。今まで全く気づくこともなかった、意識したこともなかったことが意識され、見えてくる。そういうことが起こると、こんどは広義の聞法は、生活の中で出遇うことに法を見る。場合によれば、法を聞くということですけれども、狭義の聞法で得た眼、ものの考え方とか見方とかというものをもって、日常生活の中でさまざまなことに出遇っていきます。病気になったり、他人とうまくいかなくなったりとか、朝起きたら目が覚めた、そういうことだっていいのですけれども、この出遇ったことの一つ一つにいろいろな確かめということができるようになるのです。そうすると出遇うものが、まったくそれまでとは違って見えてくるということがあります。

相田みつをさんの、「損か得か」ということでいえば、損か得かしか考えたことがなかった私が、「あ、これって、損か得か分からないけれども、ありがたいことなのだ」というようなことがあります。

損か得かというのは、しばらくして状況が変わったら、損と得がひっくり返ったりすることはいくらもある。「人間万事塞翁が馬」という中国の話がありますね。馬から落ちて怪我したら、それはマイナスのでき事ですけれども、怪我しているからといって、徴兵で兵隊に行かなくてすむ。そうすると死なくてすんだということにもなる。そのように、マイナスと思ったことがプラスになった、こういうことになるわけです。我々にとっては、状況が変わると、損得などというのは本当にひっくり返っていくわけです。

働かずに、なんの仕事もせずにお金が入って暮らせたらどんなにいいだろうと思うかもしれませんけれども、私もそういうことをしたことがないからわかりませんが、それが本当にいいと思いますか。働かないでいる人は、時間を持て余して、さまざまな依存症になったり、厄介なこともいろいろあるようです。このあいだ、『朝日新聞』の「天声人語」に書いありました。年を取ったら「キョウイク」と「キョウヨウ」が肝心だということだそうです。「キョウイク」というのは、「今日行くところがある」ということです。「キョウヨウ」というのは、「今日する用がある」ということです。年を取ったら、それがとっても大事だというわけです。

私も、大谷高校の校長を辞めた前後ぐらいでしたか、会議で東京に行った時に、東京のベテラン校長たちとなんかで食べに行った時に、「真城先生、もう辞めて暇になったら、これからは、キョウイクとキョウヨウですよ」といわれました。「へえ」とかいっていたら、さっきのような話でした。けれども、我々が思っている損得というのは、本当は究極のところ、どうなのだろうかということです。

得をしたい、だけど世の中は思いどおりに動きません。世の中思いどおりに動かない中で得をするということは、どうしたら可能になるのか。

生きるということは、出遇い続けるということですけれども、聞法ということが先にあると、さまざまに出遇うことの中に、「あ、そやな」ということがある。たとえば諸行無常ということを習う、教えてもらう。そうした時に、そういう意識をどこかに持ちながら、いろいろなことに出遇っていくということがあるわけです。

親鸞聖人は、念仏生活者として、しかも流罪者として、越後での生活が始まっていく。そこで、お坊さんというのとは違う人間関係が始まっていくわけです。つまり生活者同士です。ですけれども、一方の親鸞聖人は、ただの生活者ではなくて、非僧非俗の念仏生活者であるという、そういうところです。

二、越後から関東へ

そこは、豊かな生活どころではない、大変な生活があるわけです。それで仏道修行でいえば、三十五歳まで法然上人のところにおられた間が基礎編だとするならば、この流罪からあとが応用編ということになるわけです。今まで学んできたことが、生活の中でどのように確かめられていくのか。通用するのかしないのかということです。法然上人が教えてくださったことは、本当の本当なのか。我々は、ここでしか通用しない理論にしがみついていることが多いのです。

哲学の言葉でいうと、アドホックといいますけれども、その場限りということです。そういうのはいっぱいあるのです。岡崎別院の境内の中では、いちおう養成講座の学ぶ者としてですけれども、境内を出た途端にころっと切り替わるという。私らでもそうですけれども、そういうようなことです。

それで、四年間の歳月が流れるわけです。流罪に遭われたのが一二〇七年で、一二一一年（建暦元年）には罪が許されるわけです。それで罪が許されるということは、ふるさとの京都へ帰るということも許されるわけです。その年に、信蓮房という子どもが生まれたりもしています。

では、都へ帰るかということですけれども、親鸞聖人はお帰りにならなかった。おそらく都の状況というものは、いろいろな形で親鸞聖人の耳には届いていただろうと思います。もちろん法然上人も許されたわけです。法然上人は、流された四国から京都へ帰られるのです。親鸞聖人が許されて、都へ帰ってもいいよということになった直後ですけれども、次の年の正月過ぎ、一月二十五日に法然上人がお亡くなりになられるわけです。もちろん、その情報も親鸞聖人のところへ届いている。そのことが大きなきっかけかどうかわかりません。わかりませんが、親鸞聖人はもう二年間ぐらい越後に留まられるわけです。そして、一二一四年、四十二歳の時に、京都へは帰らずに関東へ行かれるわけです。

越後におられた時も、さまざまな人たちとの関わりの中で、親鸞聖人が聞いてこられたことを、人々にもお伝えするということろで、親鸞聖人のところへお話を聞きに来られるということもあったのだろうと思います。つまり学問もしていない、特別な修行もしていない人たちとともにどもにということです。言い換えれば、念仏生活者同士ということです。念仏生活者同士というのは、阿弥陀という仏さまから「おまえを救うぞ」と名指し、対象にされた者同士ということです。そういうところに立たれるわけです。

ですから、お坊さんとしてまだ分かっていない人たちに教えるぞとか、そういうのではなくて、お互いに「とも同行」という言い方がありますけれども、お互いに仏になることが阿弥陀さまによって決まっている者同士というところの生活になっていくわけです。そこでなおいっそう、法然上人が目指しておられた「十方衆生の救い」の確かめをされていきます。救いに条件が付かないということです。

それで、関東へ向かわれます。なぜ関東へ行かれたのかということについては、いろいろな考え方があります。一つはやはり、幕府が鎌倉に行ったということが、かなり大きなことだと思います。

また実際に都へ帰ったら、思っている通りのことはまずできないということです。京都では、法然上人の墓が暴かれたり、またあらためて念仏に対する次の弾圧が続いています。ですから、京都に残った法然上人の弟子の方々は、法然上人に教えてもらった通りのことをいえば、首が飛ぶ心配がありますから、いえなくなっていたわけです。そういうところへ帰っても、人々と話がちゃんとできて、お念仏を喜び、お念仏を喜ぶ輪が広がっていく、そういうことはおそらくできないだろうと、親鸞聖人は思われたのではないでしょうか。

幕府が鎌倉に開かれていますので、関東がその時代にものすごく注目されて、みんなの目が向いているということは、当然あったと思います。それから、関東に親鸞聖人のつながり、親鸞聖人そのもののつながりというよりも奥さまのつながりも含めて、いろいろと拠点になりそうな足場というものが考えられるということもあって、関東へ行かれるわけです。

一番最初は、常陸の国、茨城県ですけれども、小島《おじま》というところに最初にお住みになられる。そこへ行かれたら、今でも小島の草庵跡というところがあります。

越後でも、関東でもそうですけれども、そこへ行くと、親鸞聖人に出遇った人たちがどれほどそれを喜びとされたかということが、本当かなと思うような伝説とか物語とか、あるいはお手植えのイチョウとか、そういうのがいっぱいあるのです。それは、人々が本当に出遇いを喜び、感動し、また人々と話題にし合ったということだと思います。

私が住んでいる四国などは、あちこちに弘法大師が腰掛けた岩とかいうのがいっぱいあるわけです。ですからそれは、本当に触れ合った場所ということです。

後に親鸞聖人は、六十歳ぐらいの頃に京都に帰ってこられるのですけれども、京都には親鸞聖人お手植えのなんとか、親鸞聖人が腰掛けられた岩とか、親鸞聖人がここでなんとかされたとか、そういうようなものはほとんどないでしょう。ですから、六十歳過ぎて帰ってこられてから後、京都でたくさんの人たちと触れ合うということはあまりしておられなかったのではないかと思います。

三、三部経の千部読誦

それで、親鸞聖人は、関東へ四十二歳の頃に行かれるわけですが、ちょうどその頃大きな地震があるのです。さらに親鸞聖人が出家された時も、養和の大飢饉というのがありましたけれども、関東にも大飢饉が襲ってくるわけです。日照りが続く。そういうところへ、お坊さんがやってこられる。しかもこの方は、京都の貴族の出身で、立派なお坊さんだというような感じで、人々がお坊さんを迎えた時に、そのお坊さんに何を期待するかということです。状況としては、大地震があり、日照りで大飢饉になろうとしている。その時に、立派なお坊さんがやってきた。こういうことになれば、雨乞いのお経を読んでくれとか、あるいは豊作になるように祈ってくれとか、そういうことになるのは当然でしょう。

そこから十七年後ぐらいですけれども、親鸞聖人が五十九歳になられた時に、まだ関東におられるのですけれども、高い熱を出して、苦しんでおられた時があるのです。その時のことが、奥さまの恵信尼さまが書かれた手紙に出てくるのです。

病気で寝込んでいた親鸞聖人が、夢うつつに『大無量寿経』を読み続けておられると、親鸞聖人の頭の中で『大無量寿経』というお経の言葉がキラキラと浮かんでくる。その時に親鸞聖人は、自分が関東へ来た時のことを思い出されるわけです。それはどういうことを思い出されたかというと、人々に頼まれて、『阿弥陀経』『観無量寿経』それから『無量寿経』(『大無量寿経』ともいいます)、この三つのお経を千回読むということをされたわけです。

ところが、その三部経の読誦ということをしばらくされたのちに、気が付かれるわけです。自分がそんなお経を読んでなんとかなるとか、そういうことから離れたはずなのに。法然上人に教えてもらって、そんなことは無功だ、そんなことの力でなんとかなるようなものではないのだ。我々は、本当に謙虚に仏さまにお任せするしかないのだ、ということを教えてもらっていた。それが腹の底まで入っていたはずなのに、やはりせずにはいられないで、人々のためにお経を読み続けるということをやり始めてしまった。それによって、自分というものの中にある自力ということに気が付かれたのです。私がなんとかしてやろうという、その「私が」ということの根の深さ、強さ、そういうものにまた気が付いていかれるのです。

私たちは、人々から、「この状況を救うためになんとかしてください」。「お経を読んでください」。あるいは、自分の子どもが本当に悲惨な亡くなり方をしたという時に、親から「とにかくあの子が救われるようにお経を読んでください」といわれた時に、「お経を読んでください」ということに対して、私たちはお坊さんとして、お経を読むべきか読まざるべきかという考え方をするわけです。それは困った時に、お経を読むとか祈るとか、何かそういう解決しか思い付かない人に対して、そこのところでお経を読むのがいいのか、読まないのがいいのかということを、私たちは思うわけです。

ところが、問題の本質は、そんな時にお経を読むか読まないかということではないのです。そうではなくて、そういう、「お経を読んでほしい」という言い方しか御存じないけれども、その方が本当に心の底で願っていることは、御本人がそのことに思いも至っておられないかもしれないけれども、本当の本当に願っておられることは、そのことよりももっと深いところにあるということなのです。ところが、我々は、どうしてもそういう、自分に対してこういう要求があった時には、それに対してどう答えるか、あるいは答えてはいけないのだろうか、こういうように葛藤したりするわけです。それは、答えることも答えないことも、それはその要求そのものをそのままで受け取っているわけです。けれども、実は、その要求のもっと奥の、要求されているご本人さえも気が付いていないような、もっと深い願いというものがあって、そこを汲まなければならないのです。親鸞聖人自身は、そのことを反省されたのです。

恵信尼様のお手紙の中に、

これは何事ぞ、自信教人信、難中転更難とて、身ずから信じ、人をおしえて信ぜしむる事、まことの仏恩を報いたてまつるものと信じながら、名号の他には、何事の不足にて、必ず経を読まんとするやと、（『恵信尼消息』聖典六一九頁）

と書かれています。親鸞聖人は、このように自分を反省しておられるわけです。そういうようなことがあったということです。

四、山伏弁円の帰依

私たちは、大自然に対して本当に無力です。祈るしかない。あるいは津波がやってきた。大きな地震があった。あるいは今年なんかでもそうなのですけれども、雨が降ると困るほど降る。降らない時は全然降らないみたいなところで、そうした時に「人間というのは本当にやはり無力だな」と無力を感じた時に、我々はどう動くかということです。どう動くかという時に、やはり祈らずにはいられない。あるいは未来はわかりません。どうやっても分からない。そうすると、占いに頼ったり、あるいはまじないとか呪文とかそういうところへいくわけです。

親鸞聖人が関東へ行かれた、その当時には、人々に頼まれて御祈禱をしたり、お祈りをしたり、あるいは火を燃やして呪術的なことをしてみせたりということで、人々から頼られ、人気が高かったお坊さんもいたわけです。そんな中に弁円という人がいました。山伏《やまぶし》で、修験道といいます。その人が祈ると、炎が龍の形になるとか、あるいは炎が天へ昇って天の竜神に呼びかけて、雨を降らせてくれるとか、そういうことをしていたのです。釈尊が悟りを開かれた頃のインドの婆羅門も、そういうことで人々からいろいろな貢ぎ物を得て、大きな財産を得ていたわけです。そういうことをなりわいとしていた、弁円という人がいたわけです。「あの弁円さまにお願いをしたら、雨を降らせてもらえるのではないか」とか、「なかなか治らない病気は、弁円さまに御祈禱をしてもらわねばならぬ」。

これは関東だけではないのです。京都でも、その当時の貴族たちは、仏教、お坊さんに対して、そういうお祈りをしてくれることを求める。だからお坊さんの方も、仏さまや神さまを動かす力を持っている超能力者として振る舞おうとする。そうすることで、人々の尊敬を勝ち取ろうみたいなことが、どうしてもあるわけです。私たちは、どうしても自分の力でどうすることもできないことを、超人的な霊力のようなもので何とかしたいと思う。やってくる苦しみを、来ないようにしてほしい。あるいは、いいことは来てほしい。宝くじは当たってほしい、交通事故には遭いたくない。簡単にいったら、福は内、鬼は外と思っているわけです。

今でも、パワー・スポット・ブームというものがあります。京都の神社仏閣の一切から、そういうものを禁止したら、京都の観光というのは成り立たない。恋愛成就だったらなんとか神社とか、火の用心だったら愛宕神社とか、そういうものがいろいろあります。

ですから、御祈禱を表看板にしている弁円のような人たちからすると、親鸞聖人が言われているようなことは邪魔になるわけです。超人的な力によって、なんとかなるということはないのだ。人間にそんな力はないのだ。人間は、本当のことが分からない。どんな修行をしても、分からないものは分からない。

いってみたら、非常に醒めているということです。不都合を取り除いて、好都合だけを手に入れるような進み方をしていったとしても、あなたに本当の意味ある人生は開けてきませんよといわれるわけです。この苦しみの中で気づくことがあり、教えられることがあり、育てられることがあり、目覚めることがある。そこでいよいよ、自分の人生は大事な人生だなと、自分の生きている意義に出遇うことがあるということです。つまり、都合がいいとか悪いとかいわずに、自分が出遇っているこの現実というものに、顔をそむけたり逃げたりせずに引き受けていく、そういう生き方を説かれているのです。

このように、嫌なことは追い払って、いいことだけが来るようにお祈りしてもらいたいというような生き方は、本当の人生ではないと説かれる親鸞聖人のような人は、弁円からすると、一番邪魔なわけです。それでなんとか、親鸞聖人をやっつけてしまいたい、こういうことになるわけです。それでいろいろするのですけれども、最終的には親鸞聖人を殺してしまおうということで、親鸞聖人のおられる草庵に行って、刃物で殺そうとするわけです。

ところが親鸞聖人は、「ようこそ、来られましたね」と、その弁円をも受け入れていかれるわけです。みんなが困って、日照りで泣いている時に、三部経読誦をせずにいられなかったというものを、法然上人に出遇って、そういうものを全部捨てたつもりの自分がやっていた。人間がそういうものを求めてしまうのだということを、親鸞聖人はわかっておられて、そのうえで弁円という人を穏やかに受け入れていかれる。

その話の中で、弁円は廻心するわけです。心がひっくり返る。弁円からすれば、親鸞聖人は不都合の一つの象徴です。それは好都合、不都合に振り回されて生きているということなのです。その弁円が持っている、本人は気が付いていないかもしれない弁円の苦悩というものを、出遇った瞬間に見抜かれて、自分を殺しに来た人を拒否するでもなく、無視するわけでもなく、反発するわけでもなく、ともどもに救われる道を歩みましょうと、こういうことになっていくわけです。弁円からすれば、発想の中にない出遇いになるわけです。後に明法房という門弟に、なっていかれました。

親鸞聖人は、流罪になった越後で、いろいろな経験をされたうえで、関東へ行かれたわけです。ですから、関東ではわりと、効果的な伝道、人々へのお伝えができていくわけです。それで、関東では、あちこちに親鸞聖人の門弟たちの集団ができます。横曾根門徒とか高田門徒とか鹿島門徒とか、そういう門弟たちの集団ができていくわけです。しかし、親鸞聖人は、一生涯法然上人を師として尊敬し続けていかれるわけです。そして、

親鸞は弟子一人ももたずそうろう。（『歎異抄』聖典六二八頁）

と、自分には弟子は一人もいないといっておられます。

先生と弟子という関係ではない。ともどもに救われることが定まった者同士、念仏生活者同士なのだといわれます。それを親鸞聖人は、「とも同行」とおっしゃいます。そういう阿弥陀さんの本願の目当て、対象、そういう者同士であると同時に、弱い者同士であり、愚かな者同士であるというところで生きていかれる。

そうすると、自分に敵対する者、自分を殺そうとする者に対しても、この方もお念仏で往生される方なのだというものの見方、人間への眼差しをもって接していかれます。我々は、どうしても損か得かのことでいえば、敵か味方か、自分に好都合なのか不都合なのかというように人間を見てしまいます。けれども、みなさんは一人残らずこれから仏さまになっていかれる方々です。私もそれを目指しているというところで、「とも同行」なのだ

というようなところに、立っていかれるわけです。

五、聞法の三段階

そこでもう一回、聞法ということに戻りたいのですけれども、聞法には三段階がありま
す。学校の勉強も同様です、必ず三段階あります。

第一段階は、今聞いている話をできるだけそのまま ちゃんと受け入れるということです。これもなかなかできませんね。この前「辺」という話をしましたけれども、私たちは、みんな全員フィルターを持っていて、自分のフィルターで変換しながら受け入れていきます。ですから、なかなかいわれた通りに聞くということはできないのです。しかし、そのように聞こうということがとても大事です。今日の講師は何をいおうとしているのかというのを、一生懸命聞こうということです。

第二段階は、今日学んだこと、今日聞いたことと、今までずっと聞いてきたこと、今まで経験してきたこととを、重ね合わせるということです。今日の話は今日の話、今までは今までではないのです。学校の勉強でもそうです。昨日まで勉強してきたことと、今日勉強したことが重なっていくということです。その重なりは、国語の時間に習ったことと、

今日習った英語の話とが重なっていくというようなことは、いくらもあるわけです。

第三段階としては、本来は学ぶことによって、生き方が変わっていくということになるはずなのです。けれども、なかなか聞法は聞法、生活は生活。別院の境内を出た途端に、やはり損か得かしかなくなっていくようなところが、事実としてはありませんか。

我々は、先ほどの聞法する時の三段階ということからみますと、一番真剣に聞法する時が生活の中にあります。それはどういう時かというと、どこか体に悪いところがあって、検査してもらって、あるいはずっと今までもいろいろなところ、あっちが悪い、こっちが悪いで病気を重ねてきて、それで今また新しく検査してもらって、お医者さんから話を聞く時です。まず第一段階、お医者様の話をひと言も漏らさず、全部隅から隅まで一生懸命聞きます。第二段階、今まで受けてきた治療とか、今までお医者さんからいわれたことと、今日の話とを全部重ね合わせます。それで第三段階、五十年間吸っていたタバコをやめたりとか、酒を飲むのをやめたりとか、食べ過ぎるのをやめたり、運動するようになったりと、現に生活が変わるわけです。

そういうことが一方で確かにありながら、聞法は別になっている。仏法の話を聞くということは、私たちの生活は地獄行きですよということがはっきりすることですね。今日はお内仏の説明の中で地獄の話が出ましたけれども、その八つの地獄、身に覚えはありませんか。私も八つの地獄を、二千年かかってハシゴしなければいけないみたいな感じです。閻魔さんに、どうすればばれないですむのだろうかということを思います。

閻魔さんというのは、インドのヤマという神さまで、それが中国では閻魔になりました。日本でいえば、黄泉《よみ》の神さまです。みんな死後の神さまです。中国には、十王思想というのがあって、人間は死後に十人の裁判官から判決を受けるとされるわけです。初七日、二七日というように、四十九日までで七人、それから百か日、一周忌、三回忌と、合計十人です。その五番目が閻魔さん、三十五日が閻魔さんです。

それで初七日の時に、これはもう地獄行きだなとなった時に、次の二七日までの間に遺族が仏法僧のためにいいことを一生懸命する。すると次の判定の時に、ちょっと罪が軽くなったりするというのです。これは実は、仏教教団の集金システムみたいなものなのです。つまり、残った遺族が、一生懸命お寺に寄附をしたり、いろいろ仏法のために功徳を積んだら、次の判定の時にはちょっとましになる。そういうように、うまいことできていますね。しかし真宗は、そういうことをいいません。

聞くということには、三段階あるということです。ちゃんと聞くということと、今まで聞いたことと重ね合わせるということと、生活にどう関係させていくかということです。

また、聞くというのも、五段階あるのです。人から話を聞いたり、あるいは先生から話を聞いたり、あるいは友だちの愚痴を聞いたり、悩みを聞いたりするのも、だいたい五段階ある。第一段階は、聞いても無視する。全然聞いていない。二番目は、相手に悪いから、聞いているふりだけする。本当は全然聞いていないのだけれども、ふりだけする。三番目は、これが一番多いのですが、選択的に聞く。自分に都合のいい部分だけ聞いて、あとはスルーする。お坊さんなんか、だいたいそれが多いですね。次の法話に使えそうなネタだけちゃんとメモする。そういうように選択的に聞く。その次の四番目は、隅から隅まで丁寧にちゃんと聞くということです。最後の五番目は、話す人の身になって聞くということです。共感しながら聞く。感情移入をしながら聞くということです。クレームを聞く時なんかもそうせよといわれます。こっちが聞いてやろうではなしに、いっている人は何をいおうとしておられるのかと、身を乗り出して共感しながら聞いていくということです。

こういうことで聞法して、師に出遇って、目が開かれたり、考え方が広がったりします。そうすると、今度はいろいろな出遇いが、全部大事なことになっていくのです。

我々は、この出遇いも、すぐ選択的になるのです。好都合の出遇いはウエルカムだし、不都合な出遇いは避けたい。もし不都合に出遇ったら見ないように、考えないように、聞かないように、みたいなことになったりします。出遇いというものは、求めたら出遇えるかというと、そうはいかないのです。これはご縁というものですから、求めたら出遇えるかというと、そうはいかない。けれども、求めていなかったら、まったく出遇えないということがあるのです。

いろいろなことの達人、究めた人たちと話をすると、つくづく思うのは、世紀の大発見とか、奇跡が起こったりしたような、すごい確率の低いことがその人の前で起こったりするのは、やはり一生懸命エネルギーかけて、情熱をかけてやっている人の目の前でそういうことが起こる。逆にいえば、そういう人が、起こっていることの中に見つけるということだと思います。

四国の徳島県の脇町というところに、河野《こうの》通郎《みちお》さんといって、日本で一番の蘭を栽培する人がいます。昔プリンセスダイアナという品種を売り出して、世界的に大ヒットさせた人です。品種改良をずっといっぱいやっているわけですけれども、それですごい品種をどうやって作るかというと、それはあちこちで突然変異がものすごい数ある。河野さんはいつもおっしゃいますけれども、世界で一番一生懸命情熱かけてやっている人の前でその素晴らしい奇跡が起こるのだと、そうおっしゃりながら、本当に世界的な蘭栽培家になっていかれたようです。私たちは、こちらの準備ができていれば、本当に出遇った人が全部先生であり、出遇ったあらゆることから教わることができるわけです。無駄な出遇いがなくなっていくのです。

それと、出遇ってみないと分からないということがあります。つまり「そうだ、私が出遇いたかったのはこれだったのだ」というのが、出遇ってはじめて分かる、気が付くということがいっぱいあります。それはなぜかというと、それまでの自分の意識や知識の中では、きちんと明確になっていないわけです。それが、出遇ってはじめて、「あ、私はこの言葉に出遇いたかったのだ」、「私はこの人と出遇うために今までの人生があったように思う」と分かるのです。

そうすると、その出遇いのためには、私の今まで生きてきた全部が必要になってくるわけです。ということは、記憶削除ボタンがあるのだったら消したいと思うような、過去の嫌な記憶も全部含めて、今日のこの出遇いのためにそれも必要だったのだということです。そうやって、人間形成がされていくわけです。そうすると、本当の感動する出遇いが、自分の過去の全部に意味を与えてくれる。自分の人生、いろいろな嫌なことも、忘れたいこともあるけれども、あれも全部無駄ではなかったというようなことになっていく。そういう意味で、出遇いというものがとても大事なのです。

それで、念仏生活者というのはどういうことかというと、「念」というのは、常に意識の中にあるということです。我々は、日ごろ生活している時に、仏さまがどこかに意識されているということはあまりありませんね。念仏者というのは、これは仏に限らず、仏さまの世界である浄土であるとか、あるいは仏さまの願い本願であるとか、あるいは仏さま、如来といいますけれども、そういうものが常に意識されている。

真宗門徒は、家の中に浄土を感じる空間（仏間）を持とうとしてきたわけです。家の中に、浄土と触れ合うという場を用意している。それはやはり、我々が念仏者といいながらも、損得で生きているからです。時々お内仏という、浄土の前に身を置いて、手を合わせてみた時に、私たちが意識から外していたものを思い出す。あらためて意識化される。それを繰り返すということです。忘れたり、すぐ飛んでいったりするのです。それが南無阿弥陀仏という名号、念仏を称える。あるいは仏さまに手を合わす。あるいはお墓参りをする。お寺参りをする。境内に足を踏み入れるような時に、よみがえってくる。つまり如来といってもいいし、本尊といってもいいのですけれども、こういうものにしょっちゅう立ち帰ることができるのです。口で念仏を称えなさいということは、こういう浄土を表すようなものの前にいなくても、道を歩いていても、念仏すれば立ち帰ることができる。南無阿弥陀仏を称えるというのは、それを抱えて生きていくということなのです。

どういうラブレターが一番有効かというのを、大学一年生の時に、同じ下宿の男どもといろいろ議論したことがあります。そうすると、今だったらストーカーといわれるかもしれないけれども、彼女の名前を便箋に千回書き続けて、その書いたものを彼女に渡したら、喜んでくれるのではないか。やろうじゃないかということになって、四人が一つの部屋でそれぞれの彼女の名前を便箋に千回書き始めるのです。けれども、これは写経と一緒なのです。雑念が入ると字を間違えるのです。ということは、それを書いている間じゅう彼女のことを思い続けなければいけないわけです。

念仏というのも、ちょっとそれと一緒だといったら叱られるかもしれませんけれども、人の名前を呼ぶ時でもそうでしょう。名前を呼んでいる時には、その人のことがイメージされている、あるいは意識の登場人物の中に出てきているわけです。字を書くのも、写経するのもそうです。そういうような部分があるのです。どれだけ意識の中にキープできるかという、そういうようなところです。そしてまた仏様の名を呼ぶことで、この私が仏様から呼びかけられていることに気付くということもあります。

六、念仏は、生活そのもの、生き方そのもの

そうすると、娑婆は「帰命無量」でいえば、無量ではなく、量の世界です。多いか少ないか、増えたか減ったか。金額がどうとか、成績がどうとか、とにかくなんでもかんでも数量化して、それに振り回されるのが我々の量の生活です。そのような現実の中で、『正

信偈』をお勤めするたびに、「帰命無量」とお勤めする途端に、「そうやった、浄土は無量という世界、量るということの意味のない世界。量るということで、見失う世界があるのだ」ということに引き戻される。「南無不可思議」とお勤めするたびに、理屈でわかろうとしている私、説明で納得しようとしている私、つまり頭だけで生きていたと気付かせられるのです。

『浄土和讃』のはじめの和讃に、「真実明に帰命せよ」とか、「平等覚に帰命せよ」とか、「難思議を帰命せよ」とか、「畢竟依を帰命せよ」とか、「大応供を帰命せよ」とあります。「真実明」の「真実」とは、本当のこと、「明」というのは明るいということです。つまり、「真実」を頼りにしていきなさいということです。お経は、ただ単なる言葉の羅列ではなくて、私への呼びかけに聞こえてくる。それを抱えて生きていくということです。

それがなければ、我々は「私が、私が」と、私の都合が求めているものだけで生きていくことになります。それはうまく行けば行くほど、誰かを傷付けたり、本当のことから遠ざかっていったり、そういうことになるのだと思います。

去年の八月に、東京のあるところへお話に行ったあと、話を聞いてほしいと来られた方が三人おられたのです。そのうちの二人が、仕事は違うのですが、悩んでいる中身は一緒なのです。それはどういうことかというと、一人目は経営コンサルタントでした。しかもものすごいやり手で、いわば自分でも勝ち組だといっていました。赤字体質の企業にアドバイスして、コンサルトして、いろいろ分析して、ここをこうしなさい、ああしなさい。こんなものは外注しなさいとか、この取引先を切って、こっちから仕入れなさいとか。あるいは、正社員が多すぎるから、これを非正規や嘱託に入れ換えなさいとか、いろいろ無駄を見つけて改善してもらうと、会社が黒字体質になって、収益が上がっていくわけです。それで自分も、成功報酬をいっぱいもらって、評判も上がって、ある意味勝ち組なのです。もう一人は、証券会社のバリバリのキャリアの営業マンで、この人もお客さんにいろいろな商品を紹介して、お客さんにいっぱいもうけさせた。ですから、自分の評判はものすごく高い。

この二人が共通して悩んでいることは何かというと、自分の仕事が成功すればするほど泣く人が増えているということです。泣いている人が増えている。つまり世の中は良くなっていかないということを、最近ものすごく感じ始めたというのです。自分の仕事がうまくいって、勝ち組になればなるほど、つまり正規雇用の人を減らして、非正規を増やすということは、切られた人からすれば、泣く人が増えるということでしょう。あるいは、今までずっと安定的にやっていた下請けが切られる。あるいは、極限まで値段をたたかれる。そのことによって、本社は業績、収益が上がっていくわけです。そういうことに気が付き始めて、自分のやっていることは何なのだろうかというように、その人たちも何回かお寺へ行き始めて、そういうことを思い始めたということだと思うのです。

もう一人も世間的には恵まれた方でした。我々がちょっと意図的に意識しなければ、本当にすぐ好都合、不都合とか、勝ったとか負けたとか、損とか得とかということのみで生きていくことになっている。そのことが、自他ともに傷付けることになっているということに気が付かなくて、だけど心のどこかがおかしいと感じているのです。しかし、そのことは、なかなか意識化されない、あるいは言葉にならない。そのために、自分の中に苦悩があるということにさえ気が付かないで、いろいろな場面でこんなはずではなかったと思いながら生きるということになるのです。

そういうことで、親鸞聖人は、流罪になられてから以後は、お坊さんではなくて、ともどもに念仏生活をする者、ともどもに仏さまから大事な人と呼びかけられている者同士というところで、本尊とか本願とか浄土とか、そういうものを意識しながらの生活ということが進んでいくということです。それがだいたい、六十歳ぐらいまでです。

そのあたりから、親鸞聖人は、もう一度京都へ帰っていかれて、最後のお仕事をされるわけです。それは、法然上人が貶《おとし》められている。法然上人の主著である『選択本願念仏集』が焼かれたり、法然上人の墓が暴かれたり、あるいは法然上人の説かれたことを実践している人たちが弾圧されたりしている。それに対して、いわば『選択本願念仏集』を補強し、その法然上人が開いてくださった教えが、いかに根拠のあることであるのかということを、ある意味親鸞聖人は命をかけて大きな書物に仕上げていかれるわけです。それが『教行信証』ということになるわけです。そのほかにも、我々が今日最後に唱和します「恩徳讃」なんかでも、八十五歳ぐらいの時に書かれたものです。平均寿命が四十歳ぐらいの時代に、八十五歳を超えて長生きされても書き続けられました。

それは、法然上人から教えを聞いた、あるいはそうやって目が覚めた者の、一種の責任ということなのでしょう。真実が踏みにじられ、弾圧され、誤解されようとしているということへの闘争心。それだけは許してはならないということを、はっきりさせるために、次に著作活動ということに専念していかれることになるわけです。

今日は、流罪から関東におられる中で、お坊さんということではなくて、生活者、特に念仏という生活をされている方としての親鸞聖人についてのことでした。念仏というのは、生き方です。何かのための修行とか、何かのための実践というか、方法論ではありません。念仏は、生活そのもの、生き方そのものであるということなのです。

七、念仏者は、無碍の一道なり

私たちは、未来が見えないわけです。そして基本的には好都合に出遇っていきたいし、不都合に出遇いたくないというのが根本にあるわけです。そうすると分からないことについては、人がこのようにいっているとか、こういう時にはあれをしてはいけないといわれるとか、いろいろありますが、そういうものの真偽の見極めができていないわけです。

親鸞聖人は後に、「念仏者は、無碍《むげ》の一道なり」（『歎異抄』聖典六二九頁）といわれています。「碍」というのは、自分の思いどおりに進んでいくのを妨げるもののことをいうのです。ですから、若々しく元気でいたいということの碍は何かといったら、老化とか病気とか怪我とか、そういうことになるわけです。そういうものを避けたい。碍のない生活をしたいと、私たちは願うわけです。

しかし、それはあり得ないのです。こちらから見たら碍なのが、違う方から見たらそうでないということはいくらもあるわけです。ですから、親鸞聖人がいわれる無碍というのは、碍がなくなるという意味ではありません。碍に振り回されなくなるという意味です。無量というのは、量がなくなるということではなしに、量に振り回される世界から解放されるということです。

　我々は、碍というのがものすごく気になるわけです。あれが邪魔だとか、これがあるからできないとか。そういう自分の望みがかなうことを妨げるものを、どう排除するかということに関心が向く。こういう、請求の充足と妨げの排除の二つで生きている、私たちの生き方があります。無碍というのは、それこそ一道なのです。一道というのは、二つに分けない。二つに分ける意味がない。

　ところが、それは根本的安心感というものがなかったら、引き受けられません。我々は不安を抱えているかぎり、たとえばお墓の向きを、こっち向きに建てたらだめだと人にいわれたら、今まで考えたこともなかったけれども、いわれたら、そこからもう気になって気になってしかたがなくなる。それで何か、思い通りにならないこと、不如意なことが起こったら、そのせいだったのだろうかということになるわけです。ちょっと横からいわれたりすると、引きずられるということです。

　そのように、思い通りにならない現実を引き受けるということがなかなかできにくい。それから、自分の選びで引き受けるということを、我々はあまりしたくないのです。できるだけ、人のせいにしながら生きていきたい。お坊さんがいったからとか、先生がいったからとか、みんながそういっているからとか。実はその「みんながいう」というのが、ものすごく怪しいのです。それの根拠はどこにあるのかということです。いろいろな迷信といわざるを得ないことが、世の中にはいっぱいあります。

遡っていったら、よく分からないことはいっぱいあるのです。「北野天満宮さんがなぜ受験に関係あるの」といわれたら、実は直接は関係ないのです。菅原道真という人がちょっと賢かったという、それだけの話でしょう。それと試験に合格するのと落ちるのと、あまり関係ないのです。関係ないけれど、みんながそこへ行き始めると、そこに道ができるみたいなもので、そうなるのです。あまり営業妨害みたいに思われたらいけないので、こういう話はしにくいのですけれども、たとえば火の用心の神さまでいったら、京都だったら愛宕神社でしょう。兵庫県だったらどこかといえば、柿本神社なのです。柿本神社といったら、柿本人麻呂を祀っているわけです。これは歌詠み人の神さまだったのです。もともと歌の神さま。歌の神さまとして柿本神社があるにもかかわらず、それは歴史の変遷の中で火の用心の神さまになっていくのです。今はどちらかといえば、火の用心の神さまとしてメジャーなのです。なぜ柿本人麻呂が火の用心の神さまになるかというと、名前が「ひ　とまろ（火　止まろ）」だからです。これは本当ですよ。ところが、こういうことを知らずに、あそこは火の用心の神さまだということになると、それが事実なってしまうわけです。

また柿本神社は火の用心だけではないのです。安産の神さまにもなっていくのです。切るところが違うと、「ひと　うまろ（人　生まろ）」ということになるからです。

根拠まで尋ねていくということを、我々はあまりにもしなさすぎるということがあります。なんとなくそこらじゅうで流行っているから、まあいいねということですませているのでしょう。

我々の問いというのは、年齢によって変わっていきます。最初の子どもの時代は、ｗｈａｔなのです。ものには名前が付いているのだということに気が付き始めると、子どもは名前を知りたがります。「あれは何」、「これは何」と聞いてきます。「あれは消防車よ」、「これは救急車」といっていればいいのです。これはわりと楽なのです。そのうち厄介な、ｗｈｙの時代が来るのです。「なんで」、「なんで」と。「なんでおばあちゃんの髪は白いの」とか、「なんでオチンチンの付いている人と付いていない人がいるの」とか、そういう答えにくいｗｈｙがいっぱい出てくる。ところがこれを、大人になっても抱えている人は少ないのです。大人になると、ほとんどがｈｏｗになるのです。つまりどうやったらうまくいくか。程度や方法が問題なのです。だから勉強するのでも、「なんで勉強せなあかんの」といっていたのが、だんだんどうやっていい点を取るかとか、どうやったら効率的にできるかということになっていく。企業経営なんかは、ｈｏｗばかりです。

ところが、年を取ってhowが通用しなくなると、またwhyに戻るのです。「なんで体一つが動かないこの私が、何の貢献もできないこの私が、生かされて生きているのだろうか。この私が生きるということに、どういう意味があるのだろうか」ということになってきます。

howにならずに、whyをそのまま生きている人たちもいます。詩人とか、芸術家もそうでしょうし、思想家なんかもそうだし、宗教家もそうでしょう。ここはとても大事なのです。時々子どもの問いに戻ってみるということは、とても大事なことです。

たとえば健康のために健康食品をいっぱい買っているのですけれども、子どもが「健康になってどうするの」、こう素朴に聞いたら、どう答えますかね。「お金をもうけて、それからどうするの」と、「なんで分かってないのに分かったというの」とか、「いいことするってどういうこと」、「それって誰にとっていいことなの」とか、「本当にいいことなの」。「勝つということは、負けた人を作ることじゃないの」とか、「敵をやっつけたと喜んでいるけど、その敵ってボクとつながっているんだよ」みたいなことを、子どもにいわれたりすると、ちょっとドキッとしますね。

「どうして土を全部コンクリートでふさいだの」とか、説明すればできないことはないかもしれないけれども、「どうして原発を造ったの」とか、こういう、何かもとへ戻って、子どもから素朴な疑問を投げかけられると、我々がやっていることというのは、案外よく分からないままやっている。よく分からないままやっている時の合い言葉は、「とりあえず」なのです。「とりあえず目の前が好都合になるように」というのが、我々の行動原理なのです。健康になってどうするのかよく分からないけれども、とりあえず健康。究極的にお金で何するかと言われたら、よく分からないけれども、とりあえずお金。それはそれで悪いといっているわけではないのです。だけど、もうちょっと考えてみませんかということです。

我々は、本当に物事をどうしても単純に考えてしまうのですけれども、手に入れることで失うことはいっぱいあるのです。あるいは一生懸命やって、うまくいったと思って、天国だと思っているところが、実は地獄であるということがあります。

八、人間を超えた智慧に聞いていこう

『往生要集』の中で、地獄はこういう言い方をされます。地獄というのは、「我今無所帰孤独無同伴（われ今帰る所なし。孤独にして同伴なし）」。厳密にいうと「孤」というのは、親から切り離された状態ということです。白川静さんの『常用字解』に、「幼くして父の

無い『みなしご』を孤という」とあります。これも帰る所がない状態です。「独」というのは、子どもから切り離されたのが「独」なのです。たとえば子どもが先に死んでしまったとか、つまり託す未来がなくなってしまう。

地獄の中身というのは、この二つなのです。帰る所がないのが地獄なのだ。帰る所がないというのは、安心できないということです。そこへ帰れば、もう力むことも、守ることも、構えることも要らない。ありのままの自分が安心していられるという、そういう所がない。あるいは、「ともに」ということがないというのが、地獄なのです。そのように地獄というものを定義するならば、今私たちが進んでいる方向性、それは天国を作ろうと思って進んでいるのですけれども、本当に天国の方へ行っているのかというと、そうではないように思えてなりません。このごろでは、恐ろしいほど個別化が進んで、毎年アパートの片隅で見つかった御遺体で親戚と連絡がついても引き取ってもらえないことが、年間三万件あるわけです。無縁死といわれます。リースマンという人が、「現代人は孤独なる群衆である」といいましたけれども、そういうような部分がありますね。

そうすると、本当に私たちは、幸せな天国を作ろうと思って進んできて、だけど一方ではそれは地獄だったのだみたいな、そんなようなところで、そういう視点からいいますと、「進歩という名前の喪失」、「天国という名前の地獄」、「手に入れることが失うことである」みたいなことしか、我々はできないのです。

ですから、人間を超えた智慧に聞いていこう。本当は何だろう。本当のことを知りたい。本当のことを見つけたい。本当のことをベースにして生きていきたいという、それが念仏者のスタートということです。ですから、これはこれで、終わりということがないのです。

この講座に参加されて、帰敬式を受けて宣誓するのがゴールではありません。むしろスタートです。歩みの方向性がおぼろげながら見えてきて、「わかっていない私」がどう生きていくのか。求め続け聞き続け問い続ける歩みが始まるところに、立つことができてくださればと願って、お話しさせていただきました。

あとがき

本書は、山城第二組が平成二十四年から平成二十五年に実施した、推進員養成講座における真城義麿先生の講義録をもとにまとめたものです。

推進員養成講座実施にあたり、講座の願いについて私たちスタッフは何度も話し合いました。「○○寺の門徒と言い、私たち住職・寺族も門徒だと言っているが、本当に真宗門徒になっているのか？　推進員という資格者を養成する講座ではなく、スタッフ・受講者全員が聞法の座に着き、本当の真宗門徒になるような講座にしよう」と確認し、真城先生を講師にお迎えして左記の通り実施しました。

講座名　真宗入門講座「人と生まれて―宗祖親鸞聖人の生涯に学ぶ―」

会　場　岡崎別院（第一～五回）、真宗本廟同朋会館（第六回）

第一回テーマ　　あなたは何を求めていますか―なぜ親鸞聖人に学ぶのか―

第二回テーマ　　親鸞聖人は何を求められたのか

第三回テーマ　　親鸞聖人は何に出遇われたのか

第四・五回テーマ　親鸞聖人はどのように生きられたのか

第六回テーマ　真宗門徒の名告り

講座を通して先生が何度も述べられたのが、今すぐにわかろうとする私たちへの警句でした。「わかったということは、広やかな大事な世界を小さな狭いところへ閉じ込める」ことであり、「わかったということが、歩みを止めてしまう」のです。今すぐにわかろうとせずに聞き続け求め続ける。それが真宗門徒の歩みであると教えていただきました。

おかげさまで、親鸞聖人岡崎草庵跡の岡崎別院・真宗本廟という場にはたらく力と人の誕生を願ってやまない真城先生の言葉、そして何よりも受講者の真摯な受講態度により聞法の場が開かれたと実感した講座となりました。あらためて、真城先生、受講者、スタッフ、岡崎別院、京都教務所、研修部の関係者各位に厚くお礼申し上げます。

また、出版にあたり、毎回詳細な講義録を作成していただきました専光寺住職中川専精氏ならびに編集をしていただいた法藏館満田みすず氏に、深く感謝いたします。

二〇一四年三月一七日

真宗大谷派京都教区山城第二組　組長　菅原信顕

真城　義麿（ましろ　よしまろ）

1953年、愛媛県に生まれる。

1978年、大谷大学大学院修士課程修了。

1997～2011年、大谷中・高等学校校長。

真宗大谷派善照寺住職。

著　書　『みんなが安心して生きられる世界に』『危機にある子どもたち―宗教教育の本質を問う―』『真の人間教育を求めて』（法藏館）、『安心してがんばれる世界を』（真宗大谷派宗務所出版部）ほか。

親鸞聖人は何を求められたのか

二〇一四年四月一五日　初版第一刷発行

著　者　真城義麿
発行者　西村明高
発行所　株式会社　法藏館
京都市下京区正面通烏丸東入
郵便番号　六〇〇-八一五三
電話　〇七五-三四三-〇〇三〇（編集）
〇七五-三四三-五六五六（営業）

装幀　井上二三夫
印刷　立生株式会社　製本　清水製本所

ISBN 978-4-8318-8726-9 C0015